Athlètes de l'innovation

LES FEMMES À LA CONQUÊTE DE LA TECH

Responsables de projet : Henri Julien et Mathilde Jouret
Édition : Alice Levantal
Direction artistique : Alice Leroy
Préparation de copie et relectures : Alice Breuil
Fabrication : Élodie Conjat
Photogravure : Atelier Frédéric Claudel, Paris

editions.flammarion.com
partenariats@flammarion.fr
ISBN : 9782080446244

Delphine Remy-Boutang

Athlètes de l'innovation

LES FEMMES À LA CONQUÊTE DE LA TECH

Préface de Sarah Ourahmoune
Illustrations de Marc-Antoine Coulon

Flammarion

Préface
de Sarah Ourahmoune

Quand j'ai débuté dans le milieu de la boxe, dans les années 1990, j'étais la seule femme de mon club. Le droit de concourir ne nous a été accordé qu'en 1999. À force de persévérance, je me suis fait une place, jusqu'à gagner en légitimité et devenir championne du monde en 2008, puis vice-championne olympique en 2016.

En 2012, quand je suis devenue entrepreneure, je me suis retrouvée plongée des années en arrière. J'étais très souvent la seule femme présente dans les incubateurs dédiés à la tech et au sport. Je me sentais très seule. Hors du ring, je n'avais plus de coach pour m'accompagner au quotidien. Cette impression de solitude est très forte quand on se lance dans la vie entrepreneuriale. On est directement exposé à la concurrence, sans soupape de décompression. Par chance, j'ai toujours eu le goût du défi et une excellente endurance. Mais j'y suis aussi arrivée parce que j'ai vite compris qu'il était essentiel de bien s'entourer.

Ma rencontre avec Delphine Remy-Boutang a été une étape cruciale dans ma nouvelle carrière. Sans elle, j'aurais mis des années à construire un bon réseau professionnel et amical – elle m'a en quelque sorte fait gagner du temps. À l'origine, elle avait accepté d'être la marraine d'un programme d'incubation que je venais d'intégrer, qui développait des gants de boxe connectés pour les combats virtuels. Delphine a cru dans mes capacités et m'a ouvert les portes de son réseau avec la Journée de la femme digitale (JFD). J'ai pu faire la connaissance d'entrepreneures extrêmement bienveillantes les unes envers les autres. Mon projet a mûri grâce à ces échanges. J'ai notamment développé Boxer Inside Club, des salles de boxe où, au-delà des entraînements, nous proposons des programmes qui allient boxe et accompagnement socio-professionnel.

Quand je repense à mes années d'entrepreneuriat, je me rends compte qu'il s'agit très souvent de savoir encaisser les coups, de ne pas compter ses heures et de garder son sens des priorités pour répondre aux urgences, au travail comme à la maison. Mais je réalise aussi combien tous ces efforts en valent la peine, car la vocation entrepreneuriale procure une immense liberté. Façonner son propre quotidien professionnel est un vrai luxe ; c'est aussi une belle leçon de vie, la possibilité de tracer un chemin qui nous ressemble.

De nombreux parallèles peuvent être établis entre l'ascèse de l'athlète et la rigueur de l'entrepreneuriat, mais il reste une différence de taille : l'accès au podium. Dans le sport, il n'y a qu'une seule marche tout en haut. Dans le monde de l'entrepreneuriat, les curseurs de réussite sont plus variés. Il y a de la place pour toutes celles et ceux qui savent creuser leur sillon dans la durée, qu'importe l'ampleur de leur projet. Poids plume, poids lourds, tout le monde peut occuper le ring. Il suffit d'oser.

Sarah Ourahmoune

Introduction de Delphine Remy-Boutang

Il y a une quinzaine d'années, j'ai fait le pari un peu fou de quitter Londres et le confort d'un poste à responsabilités pour retourner vivre en France. Mon fils venait de souffler sa dixième bougie et j'ai ressenti le besoin de lui faire découvrir ses racines françaises. Ce choix familial s'est rapidement doublé d'un objectif professionnel, celui de participer au rayonnement des femmes qui entreprennent dans la tech, en France et partout où il est nécessaire de porter leurs voix. À Londres, j'ai travaillé plus d'une décennie pour un géant de la tech, IBM. J'y suis entrée par la petite porte, avant de gravir les échelons jusqu'à prendre, en 2006, la tête de la transformation digitale de cette multinationale, piloter la stratégie de développement sur les réseaux sociaux et impulser le lancement des premiers sommets internationaux sur le digital et le numérique. Les pionniers des réseaux sociaux – Facebook, X (ex-Twitter), etc. – n'en étaient qu'à leurs balbutiements. J'éprouve une sensation de vertige quand je me replonge dans ces années-là. Tant de chemin parcouru depuis ! Le digital n'est plus un secteur à part, c'est un virage que prennent toutes les industries, avec plus ou moins d'anticipation, plus ou moins d'aisance.

Pour accompagner les entreprises dans ce tournant numérique, j'ai lancé, à mon départ de Londres, ma propre société de conseil baptisée The Bureau. J'ai construit mon parcours professionnel avec un esprit anglo-saxon : ce qui importe, ce n'est pas d'où l'on vient mais où l'on veut aller. C'est le principe de la méritocratie, un peu en panne en France. Ici, j'ai souvent l'impression que le diplôme reste un graal et que, si vous ne justifiez pas de plusieurs années d'expérience dans le poste proposé, un recruteur vous regarde comme un incompétent – et surtout, très souvent, comme une incompétente…

À mon retour en France en 2012, j'étais trop souvent la seule femme dans les rendez-vous professionnels ou les conférences sur la tech. La moitié de l'humanité n'était pas conviée à la table des affaires ! Et si, par hasard, une autre femme était présente, c'était pour mieux lui couper la parole en public. À cette période, nous représentions pourtant déjà 26 % des forces actives, selon une étude de la Syntec[1], le syndicat professionnel du numérique. Nous n'étions pas majoritaires, mais nous étions surtout invisibilisées à cause de ces mentalités rétrogrades qui étaient la norme en France, aux antipodes de l'esprit dans lequel j'avais jusqu'alors évolué. On parle souvent du choc qui se produit quand on s'immerge dans une autre culture à l'étranger. Pour ma part, j'ai surtout vécu ce choc lorsque je suis revenue à Paris. Mon « impatriation » a parfois pris des airs de voyage dans l'Ancien Monde.

Ce décalage m'a malgré tout insufflé la force nécessaire pour faire évoluer les choses. « *Innovation starts when people meet people* » (« L'innovation commence quand les gens se rencontrent »), répétait Steve Jobs. J'ai ainsi eu l'idée avec Catherine Barba, experte du commerce électronique et de la transformation numérique, de nous réunir, nous, femmes entrepreneures, au cours d'un événement baptisé la Journée de la femme digitale (JFD), dont la visibilité pouvait profiter à toutes.

La première édition de la JFD s'est déroulée le 8 mars 2013, une date symbolique puisque c'est aussi la Journée internationale des droits des femmes et des filles. Nous attendions 300 personnes, près de 900 ont répondu à l'appel. Les éditions suivantes ont fédéré un public toujours plus nombreux. En 2017, nous avons posé nos valises à la Cité de la mode et du design, où plus de 10 000 personnes ont défilé. Au total, sur plus d'une décennie, nous avons accueilli 500 000 participants, accéléré 1 000 start-up et bâti une communauté de référence de plus de 50 000 dirigeants pour devenir un véritable réseau d'affaires international.

La JFD donne la parole à des femmes qui marquent notre époque. Céline Lazorthes, qui est intervenue lors de l'édition inaugurale de 2013, venait à peine de lancer Leetchi, aujourd'hui premier service de collecte d'argent en ligne d'Europe. Je pense aussi à Roxanne Varza, une autre de nos invitées précurseuses, lauréate du prix Les Margaret en 2017 et qui est à présent à la tête de Station F, le campus de start-up fondé par Xavier Niel ; ou encore à Lucie Basch, fondatrice de Too Good To Go, une application qui met en relation des commerçants et des consommateurs souhaitant racheter les invendus à moindre coût. Depuis 2013 la JFD décerne le prix Les Margaret afin de récompenser des femmes entrepreneures et intrapreneures dans la tech. En 2018, Lucie Basch avait remporté ce prix alors que la lutte contre le gaspillage alimentaire ne faisait pas l'actualité et suscitait même quelques moqueries.

---

1. Opiiec, « Étude sur l'égalité professionnelle entre les femmes et les hommes », rapport final, Syntec.fr, décembre 2016.

Très souvent, une idée novatrice passe par trois phases : d'abord le rejet, puis l'acceptation, et enfin la célébration. Comme l'a rappelé Clara Chappaz à l'occasion des dix ans de la French Tech en octobre dernier, la JFD a participé à la création et à la réussite de l'écosystème tech en France. C'est l'une de mes plus grandes fiertés, mais il reste encore du chemin à parcourir. La quasi-totalité des investissements (98 %) destinés à financer l'innovation sont absorbés par des hommes entrepreneurs.

La solidarité féminine, une condition pour réussir

Les premières de cordée, celles qui réussissent, ont le devoir de faciliter la route des suivantes : c'est ma devise. Je réprouve l'idée que si le parcours a été difficile pour les unes, il devra l'être aussi pour les autres. Il ne s'agit pas de sororité ou de bienveillance – ces mots galvaudés sont devenus des concepts marketing mielleux – mais plutôt de savoir-être féministe. Cet état d'esprit devrait guider les politiques de ressources humaines. L'équité salariale est en jeu. Mais avant même d'éditer une fiche de paie, il faut faire l'effort de chercher les profils de femmes dans une pile de CV majoritairement masculins. Les femmes souffrent parfois du « syndrome de la bonne élève » : elles ont tendance à se sous-estimer et donc à se sous-valoriser, à se dire qu'il ne sert à rien de postuler si elles n'ont pas tout à fait les compétences requises. La réalité, c'est que personne ne maîtrise jamais rien à cent pour cent, encore moins dans le milieu de la tech où tout peut être bouleversé en un claquement de doigts. Le savoir-être féministe auquel je fais référence, c'est aussi de proposer des opportunités à celles qui le méritent mais qui ne cochent pas forcément toutes les cases. Moi non plus, au début, quand j'ai atterri à Londres, je n'avais pas le profil adéquat. Je peux même dire que je ne cochais presque aucune case : pas de réseau et un niveau d'anglais très médiocre. J'ai travaillé jusqu'à décrocher des opportunités. On ne m'a jamais donné ma chance, je l'ai toujours saisie.

Oser changer le monde

« *Wing it !* » (« Donne-toi des ailes » ou « Lance-toi ! »), disent les Britanniques. C'est ce que je fais, en tant que *business angel* (investisseuse providentielle) avec ma société d'investissement indépendante en capital-risque, Arver (ce qui signifie « héritage » en norvégien). Choisir d'investir, c'est aussi choisir l'impact que l'on espère avoir sur Terre. Je soutiens la croissance d'entreprises technologiques innovantes dirigées ou cofondées par des femmes. Nous avons besoin de plus de femmes investisseuses. Marie Ekeland, Margaret Europe 2015 et fondatrice du fonds « 2050 », ou encore Laurence Laplane-Rigal, directrice du fonds « Finance et solidarité » d'Amundi, nous ont montré la voie pour œuvrer à une transformation durable de l'économie[1]. Nous nous inscrivons dans le sillage de Virginie Morgon, une de nos marraines, et une femme emblématique dont le parcours sur le terrain de la finance a contribué à faire bouger les lignes vers plus d'égalité pour un grand nombre d'entre nous. C'est un mouvement collectif. Plus il y aura de femmes investisseuses et plus nous réussirons. Un entrepreneur ou une entrepreneure, c'est quelqu'un qui veut changer le monde en mieux.

Entreprendre dans la tech, un levier d'émancipation pour les femmes

Ce livre est une célébration des femmes qui prennent des paris technologiques audacieux et misent sur des innovations de rupture pour changer le monde. J'ai souhaité mettre à l'honneur le parcours de toutes celles qui entreprennent et qui en inspirent d'autres. Certaines sont adolescentes, d'autres ont connu des premières expériences de vie en tant qu'espionne ou psychothérapeute. Certaines viennent de France, du Canada ; d'autres du Gabon, du Cameroun ou du Maroc. Certaines encore sont entrepreneures ; d'autres « intrapreneures », car on peut aussi innover à l'intérieur d'un grand groupe. J'en ai été l'exemple lors de mon expérience au sein d'IBM. Je n'ai pas attendu que l'on me propose des missions, j'ai toujours proposé des idées. Toutes n'ont pas été acceptées. En 2006, j'avais par exemple proposé à IBM de racheter X (ex-Twitter). Chaque parcours est singulier, mais toutes ces femmes ont en commun le mental d'athlète requis pour s'astreindre à la discipline qu'impose la vie entrepreneuriale. Il n'est pas toujours glamour d'être à la tête d'une entreprise, il y a aussi la partie invisible de l'iceberg, les moments de solitude et de doute. Il faut donc célébrer nos victoires et s'unir pour avoir un impact collectif. Ce livre s'inscrit dans cette lignée.

Chapitre après chapitre, il sera question de compétition, d'adrénaline, de jeu collectif, de discipline, de mental, mais aussi d'intuition. Je file la métaphore du sport parce que j'y vois un écho évident avec l'univers de la tech. « Le sport a le pouvoir de briser les barrières, sociales ou hiérarchiques par exemple, en mettant tout le monde sur un même pied d'égalité », proclame le Comité national olympique. Il en est de même pour l'innovation,

1. Anne-Marie Rocco, « Comment accélérer la présence des femmes dans la tech », *Challenges.fr*, 13 mars 2024.

quand les réflexes sexistes se dissipent. Si rien ne change, selon les estimations du Forum économique mondial de Davos publiées en 2023, il faudrait attendre cent trente et un ans avant de combler l'écart. La plupart des métiers du futur n'existent pas encore. Tout reste à inventer dans cette ère d'évolution. Le digital a le pouvoir d'accélérer l'égalité entre les femmes et les hommes. Si l'on doublait la vitesse d'accession des femmes dans la technologie, l'égalité progresserait bien plus vite. Pour que les femmes se sentent plus légitimes, et plus à l'aise, il faut aussi façonner des modèles inspirants et assurer leur passage à la postérité.

À ce jour, le prix Les Margaret est le seul prix tech féminin ayant obtenu le haut patronage du président de la République française. Il a été créé à la mémoire de la scientifique Margaret Hamilton, sans qui l'humanité n'aurait pas marché pour la première fois sur la Lune en 1969. Son équipe avait conçu le logiciel embarqué dans les vaisseaux spatiaux des missions Apollo. En raison d'une panne informatique, c'est ce logiciel qui a pris le relais des pilotes pour poser le module lunaire. Elle était à cette période la directrice du département *software engineering* (génie logiciel) du Massachusetts Institute of Technology (MIT). Margaret Hamilton fait figure d'exception dans le milieu scientifique des années 1960. Cette génération de femmes n'a pas pu prendre la place qu'elle méritait, car il fallait aussi combattre les mentalités et les préjugés, aux États-Unis et partout dans le monde, y compris en France, où la loi n'autorise les femmes mariées à travailler, ouvrir un compte en banque et signer des chèques sans l'autorisation de leur mari que depuis 1965 !

Ce prix aurait aussi pu s'appeler « Hedy Lamarr », du nom d'une actrice hollywoodienne de l'entre-deux-guerres, célèbre pour ses rôles de femme fatale, passionnée par la technologie au point d'inventer un système de codage des transmissions, ancêtre de la wifi. J'aurais pu le baptiser « Dorothy Vaughan » ou « Katherine Johnson », en hommage à ces deux mathématiciennes afro-américaines pionnières de la NASA. J'aurais aussi pu le baptiser « Ada Lovelace », du nom de la créatrice du premier programme informatique de l'histoire en 1842. Transmettre la mémoire de ces femmes a le pouvoir d'inspirer les nouvelles générations. Elles ont fait avancer l'humanité par leur génie, leur créativité et leur force de travail. Ce sont des figures de l'ombre qu'il faut placer sous les projecteurs du présent pour mieux éclairer le futur. L'histoire des femmes dans la tech ne commence pas avec Sheryl Sandberg de Facebook ou Marissa Mayer de Yahoo ; et elle ne s'arrêtera pas non plus à ces exemples, comme le montre cet ouvrage.

Mon discours peut sembler très optimiste. Je ne nie pas l'existence structurelle dans notre société des violences faites aux femmes, comme le sexisme, le racisme, la coercition qui s'exercent contre elles dans la cellule familiale. En France métropolitaine, 213 000 femmes âgées de 18 à 75 ans se déclarent chaque année victimes de violences physiques et/ou sexuelles de la part de leur conjoint ou ex-conjoint, selon l'Observatoire national des violences faites aux femmes. C'est colossal. Les violences économiques – rétention de la carte bancaire, captation du salaire, usurpation d'identité pour contracter des emprunts, falsification des revenus pour ne pas avoir à payer de pension alimentaire, etc. – sont encore plus massives. Quand les écarts de salaires sont importants au sein d'un couple, le risque de subir des violences est encore plus élevé. Favoriser l'entrepreneuriat des femmes, y compris en facilitant leur accès aux financements, quitte à opter pour des mesures de discrimination positive, c'est aussi contribuer à la lutte contre toutes ces violences. « Il n'y a qu'un travail autonome qui puisse assurer à la femme une authentique autonomie », nous enseigne la philosophe Simone de Beauvoir dans *Le Deuxième Sexe*.

Lutter contre ces violences, c'est aussi œuvrer à un imaginaire des possibles plus riche, permettre aux petites filles de se dire : « Moi aussi, je veux faire comme elle plus tard. » Ce livre rassemble une trentaine d'exemples positifs de femmes qui ont eu le courage de se lancer. Avec leur mental de sportives et leurs capacités à entreprendre, les femmes dessinent un monde plus éthique et plus créatif. C'est ce qui fait notre force. Je compte sur cet effet de levier afin que d'autres se chargent de prendre le relais et deviennent à leur tour des modèles pour les nouvelles générations. Quand une femme réussit, c'est toujours une bonne nouvelle pour toutes les autres. Nous sommes les architectes du monde de demain.

Notre seule chance d'atteindre la parité, c'est l'innovation au féminin.

Delphine Remy-Boutang

01

Endurance

« Dans cette course de fond pour
gravir les échelons, je me suis fait
la promesse de ne jamais oublier
que j'ai commencé par la petite porte.
Je suis de celles qui se frayent
un chemin à force de persévérance. »

À 24 ans, j'ai arrêté mes études de droit pour tenter ma chance à Londres. Les études longues, très peu pour moi ! J'avais besoin d'être dans l'action. Et je n'ai pas été déçue du voyage ! Arrivée en gare de Waterloo, j'ai immédiatement appelé l'agence de communication supposée m'accueillir comme stagiaire le temps d'un été. « Nous n'avons plus besoin de vos services », m'a-t-on répondu à l'autre bout du fil. L'annonce m'a fait l'effet d'un couperet. J'avais l'équivalent de cent euros en poche, empruntés à une amie, mais pas question de faire demi-tour. J'ai traîné mes valises jusqu'à Camden Town, où résidait un ami argentin qui a accepté de me prêter son canapé pour deux semaines.

J'ai bientôt cumulé les petits boulots, mais je ne tenais jamais très longtemps à cause de mon niveau déplorable en anglais. Je progressais à tâtons, comme ce jour où j'ai découvert le sens du mot *suitcase*. J'avais été prise à l'essai à l'accueil d'une banque. Au téléphone, un interlocuteur m'a annoncé que sa *suitcase* était arrivée en bas. J'ai eu du mal à comprendre, alors j'ai cherché le mot dans le dictionnaire et j'ai appelé l'un des grands patrons pour lui annoncer que sa « valise » venait d'arriver en bas. Il s'agissait en réalité d'un client très important venu spécialement du Japon, dont le nom ressemblait à *suitcase*. J'ai été remerciée le jour même.

> **Quand je repense à ces années, je me dis que j'aurais pu mourir de honte plus d'une fois. Mais Londres m'a soulagée, comme par magie, du poids du regard d'autrui. Cette ville m'a libérée, et c'est, je crois, le préalable à la liberté d'entreprendre.**

De fil en aiguille, j'ai trouvé un poste de serveuse dans un restaurant très chic de Kensington. Les Rolling Stones, qui faisaient partie des clients, me laissaient toujours de généreux pourboires ! Je suis également devenue dame de compagnie pour une personne âgée atteinte par la maladie d'Alzheimer. J'étais chargée de remémorer sa langue maternelle à cette Française qui avait toujours vécu en Grande-Bretagne. Puis j'ai repéré une petite annonce, dans le journal, pour une place d'assistante dans une multinationale de la tech. J'ai décroché le poste. Tout se passait bien, jusqu'au jour où le directeur de la communication m'a appelée pour me demander dans quelle salle était prévue la réunion du jour. Dès que je lui ai lu ce qui figurait sur le planning, « Room : TBC » (TBC est l'acronyme de *To be confirmed*, « à confirmer »), il m'a raccroché au nez. Mon sang n'a fait qu'un tour et je suis montée à son étage pour lui expliquer à quel point il s'était montré impoli. Ce directeur a adoré mon audace et m'a embauchée dans son équipe. Grâce à lui, j'ai appris cette règle essentielle : il faut se battre pour gagner le respect.

Dans cette course de fond pour gravir les échelons, je me suis fait la promesse de ne jamais oublier que j'ai commencé par la petite porte. Je suis de celles qui se frayent un chemin à force de persévérance, même sans avoir le réseau initial ou le diplôme adéquat.

C'est pourquoi en 2020, pour soutenir à mon tour la nouvelle génération, j'ai également créé le prix Les Margaret Junior pour les jeunes filles âgées de 7 à 18 ans, en Europe, en Afrique et au Canada. Elles peuvent y postuler chaque année pour bénéficier du tremplin de la JFD. Nous les accompagnons pendant douze mois dans le développement de leur initiative pour que leurs idées deviennent réalité et façonnent un monde meilleur. Nous contribuons à les émanciper, à les rendre autonomes, à les responsabiliser. Toutes ces jeunes lauréates sont mises à l'honneur au fil de ces pages. Leur immense ténacité me comble de fierté. Réussir seule n'est pas le plus important. L'essentiel, c'est d'embarquer avec soi une armée de jeunes pousses, pour former la relève.

Dans ce chapitre, Barbara Belvisi, Domitille Doat-Le Bigot, Clarisse Hagège et Anne-Sophie Grouchka insistent sur l'idée qu'il ne faut jamais rien lâcher ! L'endurance est inhérente au parcours d'entrepreneur.

INTERSTELLAR

Barbara Belvisi

est passionnée par l'espace et la nature. En 2018, elle a créé Interstellar Lab, une start-up qui commercialise des biosphères autonomes, appelées Biopod, où des plantes et des espèces rares peuvent pousser en système clos.

Avant de lancer Interstellar, j'ai financé d'autres entrepreneurs et monté plusieurs fonds d'investissement. Disons que je suis spécialisée dans l'investissement, et plus spécifiquement dans les nouvelles technologies. Je suis une vraie geek, même si, à mon grand regret, je n'ai pas fait d'école d'ingénieur.

Je suis pour construire le futur, et pour moi la technologie est un outil pour nous aider à mieux vivre sur Terre et à comprendre le monde dans lequel nous évoluons.

Je ne savais pas que j'allais créer Interstellar, mais j'étais déjà fascinée par les entrepreneurs, leurs questionnements, leurs doutes, leur besoin de ne jamais rien prendre pour acquis. Après un départ un peu difficile d'un des fonds d'investissement que j'avais montés, je me suis posé la question de ce que je voulais vraiment faire. Je n'allais plus aider d'autres entrepreneurs mais construire mon entreprise, et j'ai eu un vrai déclic !

J'adore les plantes depuis toujours. J'ai donc commencé à travailler sur l'idée de serres en circuit fermé. Je ne pensais pas du tout à l'espace. Puis SpaceX a réussi son vol et réutilisé sa fusée, et Elon Musk a fait un grand discours sur l'exploration spatiale. Cela m'a rappelé mes rêves d'enfance : vivre sur une autre planète, toute la science-fiction que j'ai dévorée, *Le Petit Prince* que j'ai lu des dizaines de fois... J'étais tiraillée entre la Terre et l'espace, je ne savais pas quoi faire, mais ma sœur m'a dit : « Tu ne peux pas faire les deux ? »

C'est ainsi que m'est venue l'idée d'Interstellar : et si nous appliquions les technologies spatiales sur Terre pour créer des systèmes agricoles plus efficaces ? Et si l'on préparait les outils des futures missions dans l'espace ?

Un problème, lorsqu'il est identifié, est à moitié résolu. J'ai beaucoup travaillé et contacté la NASA pour la rejoindre pendant près d'un an. Sans la NASA, Interstellar n'existerait pas !

L'exploration spatiale permet de regarder la Terre sous un autre angle, donc de mieux nous comprendre. C'est après la photo de la Terre prise sur la Lune que sont nés les mouvements environnementalistes, parce que pour la première fois l'homme a pris conscience de la fragilité de cette petite boule bleue au milieu du néant. Interstellar, au départ, c'est vraiment la préservation du vivant et la création de systèmes fermés dans lesquels mettre de nombreuses espèces végétales. C'est une logique de biosphère : comment recréer des systèmes clos et étudier le fonctionnement de notre planète pour réussir à installer des minibiosphères – que nous avons appelées Biopod – dans l'espace ?

La technologie est un outil qui permet de simplifier ou d'accélérer un processus. Mais c'est un outil, pas un objectif. Selon moi, nous n'entrerons jamais dans le chaos annoncé par la science-fiction, où l'intelligence artificielle prendrait le contrôle, parce que nous parlons de machines, pas d'êtres vivants.

Au départ, quand j'ai voulu lever des fonds en France, on ne m'a pas prise au sérieux – à part certains investisseurs qui m'ont très vite soutenue comme Bruno Maisonnier, le fondateur d'Aldebaran Robotics, ou Charles-Édouard Bouée, cofondateur d'Artificial Intelligence Quartermaster. Aux États-Unis c'était tout le contraire. Quand je suis revenue de mon année passée à la NASA, les soutiens se sont multipliés. Aujourd'hui nous avons parmi nos clients des multinationales comme L'Oréal.

Entreprendre n'est pas une chose facile, d'autant que nous traversons une importante crise du financement ces dernières années : c'est à peu près le pire moment pour lever des fonds, mais on s'en sort.

J'aimerais aussi que l'on réfléchisse à la biodiversité en Amazonie, que nous nous penchions sur la reforestation. Et puis il y a la mission « Petit Prince », qui m'est très chère, dont l'objectif est d'apporter la fleur sur la Lune.

On me rappelle souvent ma domination dans le Top 10 des femmes de la tech en France et du Top 100 Forbes en Europe. Cela me fait plaisir, mais ce n'est pas une finalité. Je le vois comme quelque chose qui peut donner confiance à des femmes pour entreprendre et investir.

J'étais bien plus touchée, et même émue aux larmes, lorsque le petit-fils d'Antoine de Saint-Exupéry nous a écrit pour nous remercier de lancer la mission « Petit Prince ».

Comme pour les astronautes, le sport fait partie de mon équilibre. Je fais du vélo tous les jours et beaucoup de course à pied, j'aime les sports d'endurance. Et l'endurance, c'est le moteur d'Interstellar. Je sais que dans dix ans nous aurons une usine en France et aux États-Unis, que nos serres seront installées un peu partout sur Terre et qu'il y aura aussi un Biopod sur la Lune. Nous ne sommes pas encore tout à fait prêts, mais nous avons déjà réservé le vol !

Domitille Doat-Le Bigot

est directrice du numérique, des données et de la technologie d'Eurazeo, leader de l'investissement européen. Elle a construit toute sa carrière dans la data et la tech, d'Ubisoft à Cisco en passant par Danone.

L'endurance est un thème qui me tient particulièrement à cœur. Que ce soit dans le sport ou dans les métiers de la haute technologie, les succès dépendent de l'entraînement, de la répétition et de l'adaptabilité.

À 12 ans, j'ai eu la chance d'intégrer une formation sport-étude tennis pendant deux ans et de participer aux championnats de France benjamins. Malgré mon élimination au premier tour, cette défaite a forgé ma capacité à rebondir, mon esprit de compétition et mon caractère endurant au travail. Pour moi, le sport est une école de la vie.

Dans les organisations pour lesquelles je travaille, mon esprit sportif se reflète dans le temps que je prends à déployer et à étendre l'empreinte des projets que nous défendons et développons.

Chez Eurazeo, je m'occupe de tout ce qui concerne le champ de l'automatisation et de l'intelligence artificielle. Dans mon domaine d'action, le *private equity* (l'investissement dans le capital de sociétés non cotées), les métiers du financement et de la prédiction de performances sont en train d'épouser à une vitesse folle ces nouvelles technologies. Il faut donc les maîtriser : se laisser dépasser n'est pas une option ! Il y a un besoin d'absorption permanent de connaissances, de nouveautés et de réflexes. C'est cela, l'endurance !

Je suis entrée dans la tech en intégrant Ubisoft en 1998, à une époque où le domaine des jeux vidéo concentrait les ingénieurs et les codeurs les plus brillants et les plus compétents du marché. Notre projet était alors de développer un moteur d'intelligence artificielle dans le cadre d'une coopération entre la Chine, le Canada et la France. En France, pendant longtemps, le domaine des jeux vidéo n'a pas été considéré comme un moteur d'innovation alors que l'intelligence artificielle y était déjà présente depuis une vingtaine d'années. Ce retard accumulé est un enjeu qui doit se résoudre à l'échelle européenne.

Tant que d'importants capitaux ne sont pas investis dans les projets européens de technologie, il ne fera que s'amplifier. Les politiques, l'Europe et les souverainetés nationales doivent s'emparer du sujet et prendre des décisions.

C'est en ce sens que le constat d'Alex Karp, le PDG de Palantir, la plateforme de data mondiale qui détient le leadership sur son domaine d'expertise, devrait nous interpeller davantage : « L'avantage de l'Amérique va s'amplifier en raison du manque de grandes entreprises technologiques

en Europe aujourd'hui. Ce qui donne quasiment toute la valeur de l'IA aux États-Unis. » J'ai parfois l'impression que l'on ne comprend pas l'importance de se saisir au plus vite de l'intelligence artificielle et que l'on multiplie plutôt les propos alarmistes.

Un autre enjeu essentiel au bon développement de l'innovation en Europe et dans le monde est l'accroissement de la présence des femmes dans la tech, notamment dans l'intelligence artificielle, où leur nombre est catastrophiquement bas.

Le problème est corrélé aux écoles d'ingénieurs, par exemple à l'« X » qui ne compte pas plus de 20 % de femmes ! Alors que c'est leur nombre d'aujourd'hui qui va permettre leur présence dans l'intelligence artificielle. Dans le financement des start-up IA, de la cybersécurité et de la data, il va falloir poser clairement les bonnes questions aux comités d'investissement sur la place des femmes. Il n'est absolument pas normal que Kyutai, le consortium IA de Xavier Niel, ne compte aucune femme. Celui-ci dit qu'il n'en a pas trouvé, mais il faut aller les chercher… à l'étranger si besoin ! Cela donne une image totalement dépassée du monde des start-up alors qu'elles sont censées incarner l'avenir.

Donc, c'est à nous, investisseurs et *business angels*, de soulever cette question. Pour éviter que les stéréotypes ne se reproduisent, il est essentiel d'adopter une démarche proactive.

Clarisse Hagège

est la fondatrice de DFNS, une société de cybersécurité fournissant une infrastructure de portefeuilles sécurisés pour le Web3.

J'ai toujours trouvé injuste de ne pas avoir eu 20 ans en 1996 à San Francisco, à l'époque excitante où le tout jeune Web permettait de développer des solutions à tour de bras. Je suis née en 1986 et, avant l'aventure DFNS, j'avais plutôt un cursus de bonne élève classique. Je travaillais dans des banques, en recherche, direction de cabinet, structuration de produits sur des sujets d'export finance. Le secteur bancaire étant assez figé, je commençais à trépigner d'impatience en attendant de pouvoir faire bouger les choses en interne. Mais j'étais trop jeune : être écoutée m'aurait pris vingt ans.

En parallèle, à partir de 2015, je me suis intéressée aux sujets de blockchain*[1]. J'ai même essayé de monter avec un ami un projet pour sécuriser les transferts d'argent vers les pays émergents. Mon intuition était bonne, mais la technologie n'était pas encore assez avancée et je l'ai mise de côté… sans pour autant arrêter de suivre ce sujet, stimulant et porteur.

Après avoir attentivement étudié le projet de blockchain d'un startupeur israélien, j'ai rédigé un article sur le site Medium, qui a été repéré par le dirigeant d'une entreprise d'assurances. Convaincu que je travaillais sur le sujet, il m'a encouragée à revenir le voir dans les six mois avec la version bêta d'un éventuel produit. À cette époque, je n'avais pas du tout prévu de monter une offre, mais cette validation m'a mis le pied à l'étrier.

C'est ainsi que je me suis lancée dans le projet DFNS. Deux semaines plus tard – on était en septembre 2019 –, je donnais ma démission pour me mettre au travail, et la première semaine de janvier j'apprenais que j'étais enceinte ! Ce n'était pas exactement ce que j'avais en tête, mais cette belle nouvelle n'a pas entamé ma capacité de travail.

J'ai perdu du temps à chercher les cofondateurs idéaux. Assez vite, il m'a paru évident que mon conjoint serait la personne adéquate. Il était entrepreneur, mis à l'arrêt par la crise de la Covid-19. Et surtout, il était passionné de cryptomonnaie*. Nous avons fait notre pré-seed, qui consiste à solliciter ses proches pour constituer un capital de départ, à l'époque où j'accouchais de notre première fille ! Cette levée de fonds nous a permis de recruter d'autres cofondateurs de qualité et de commencer à investir dans les sujets de recherche et développement. Entre-temps, le bitcoin* passait de 4000 à 40 000 euros et on voyait apparaître les NFT*. Nous sommes arrivés sur le marché en force et nous avons levé plus de 12 millions d'euros auprès de White

1. Les mots suivis d'un astérisque sont définis dans le lexique regroupant les notions liées au monde de la tech, page 175.

Star Capital, Coinbase et la banque néerlandaise ABN AMRO. Un beau coup d'accélérateur !

Nous nous sommes vite rendu compte que le marché français était limité malgré son grand dynamisme. Alors, en accord avec nos investisseurs, nous avons déménagé à New York. Un départ rapide mais calculé : il est plus facile, même en famille – j'ai eu un deuxième enfant dans la foulée –, de s'expatrier au moment de la création d'une entreprise plutôt que lorsqu'elle est déjà bien implantée. Et comme nous avions fait l'expérience du travail à distance, nous avons réussi à nous déployer à l'international avec une équipe pour moitié aux États-Unis et pour moitié en France.

Notre produit séduit et se vend. Pour le dire simplement, je dirais que nous sommes un peu l'Apple Pay* de la crypto. Notre solution permet aux entreprises d'intégrer notre structure de sécurité de façon simple. Aujourd'hui, nos clients peuvent être de jeunes start-up comme de grandes banques ou des plateformes d'investissement. L'année prochaine, notre produit sera en libre accès sur notre site pour que nous puissions concentrer notre force de vente sur les entreprises de taille plus importante.

Comme tous les entrepreneurs, je sais qu'être à la tête d'une start-up tech, c'est embarquer pour des montagnes russes sans fin. On peut passer du découragement le plus absolu à l'euphorie totale : un jour, on croit que l'on va devoir licencier la moitié de son entreprise et la semaine suivante on signe avec un client pour deux ans !

Ma force, c'est ma capacité d'absorption et mon aptitude à rester concentrée sur nos objectifs. Le yoga est une soupape qui me permet, au-delà de la satisfaction physique, de garder ma lucidité – et un peu de temps pour moi ! Le meilleur moyen de décompresser reste mes enfants. Sans eux, je pense que je vivrais dans une grotte où je travaillerais H-24 ! La famille apporte l'équilibre nécessaire pour projeter sa vision sur du long terme.

J'ai fait preuve d'endurance et d'obstination toute ma vie, dans tout ce que j'ai entrepris. Je continue, quoi qu'il arrive. J'ai appris que l'on ne va pas d'un point A à un point B, mais d'un point A à un point Z, avec des étapes au milieu.

Il faut prendre conscience que ce ne sont que des étapes et qu'elles peuvent être bénéfiques ou décevantes. Le chemin est important : il faut garder la tête froide et les yeux rivés sur ses objectifs.

LE SENS AVANT LA PERFORMANCE

“ Anne-Sophie Grouchka

Diplômée de l'École normale supérieure, passée par le public puis le privé, Anne-Sophie Grouchka est directrice générale de Solvd Group, nouvelle entité d'Allianz, pour laquelle elle élabore le futur de la gestion des sinistres.

Quelle place donnez-vous à l'endurance dans votre travail ?

A.-S. G. — L'endurance est fondamentale dans la tech, pour imposer ses idées, croire en ses rêves, ses ambitions, et trouver du sens (pas uniquement de la performance) ! Pour les femmes en particulier, c'est une urgence sociale et politique.

Vous tirez la sonnette d'alarme ?

A.-S. G. — Oui. Actuellement dans le domaine de l'intelligence artificielle, les femmes représentent environ 10 à 15 % des effectifs. Or l'intelligence artificielle est censée créer une disruption et provoquer une révolution technologique majeure. Si aujourd'hui les femmes ne sont pas formées, au vu des progrès exponentiels de ces technologies, le retard va devenir irrattrapable.

Comment arriver à plus de parité dans le domaine de la tech ?

A.-S. G. — Il est essentiel de mobiliser et fédérer toutes les énergies, et d'organiser une prise de conscience collective afin d'atteindre l'équité. Je suis fermement convaincue que les stéréotypes de genre persistent inconsciemment dans le système éducatif, bien que des évolutions soient en marche. Doit-on en arriver à des quotas ? Au début, je n'étais pas pour, mais je me rends compte que, si l'on n'en passe pas par là, il y a peu de chance que cela bouge. Au-delà de la quête de la justice sociale, c'est une question d'équilibre sociétal. Nous aurons réussi lorsque les réseaux féminins deviendront des réseaux mixtes !

02

Jouer collectif

« L'idée essentielle
de notre engagement est
de défendre l'entrepreneuriat
ou l'intrapreneuriat pour toutes
en évitant l'entre-soi. »

En août 2017, alors que je feuilletais les pages d'un magazine dédié aux affaires, je suis tombée sur un dossier intitulé « Nos start-up vont enfin jouer dans la cour des grands ». Le sous-titre annonçait : « Plus innovantes, mieux financées, plus ambitieuses, nos pépites de la tech ont tout pour devenir des poids lourds et damer le pion à leurs concurrents. » J'aurais pu m'enthousiasmer pour ce sujet qui faisait écho à mes propres engagements. Problème : la photographie en double-page ne présentait que des hommes, tous vêtus d'un jean et d'une chemise blanche, la pointe de la tour Eiffel en arrière-plan. Ce club uniquement masculin était-il supposé incarner l'avenir radieux de la French Tech ? Où étaient les femmes ? Le message implicite de cette photo était qu'il n'y avait pas de place pour nous. C'est un éternel refrain.

> **Faire travailler les imaginaires, c'est aussi donner la possibilité à des jeunes filles, notamment à celles qui sont issues des minorités et des communautés marginalisées, de s'autoriser à être ambitieuses pour occuper un jour, elles aussi, le haut de l'affiche.**

Cette photo risquait de s'imprimer dans l'inconscient collectif et insinuer que ce n'est pas un monde pour les femmes. On en revient encore et toujours à la puissance des modèles capables de façonner un avenir désirable pour les générations futures. L'état du monde actuel n'est pas satisfaisant. Le baromètre French Tech 120, qui rassemble les 120 start-up françaises les plus dynamiques, compte 14 femmes cofondatrices ou PDG. Mais quand on s'intéresse au Next 40, c'est-à-dire aux 40 premières du classement, on ne trouve plus aucune femme. Plutôt que de m'offusquer de façon stérile, j'ai pris le parti d'agir. J'ai aussitôt téléphoné à mon réseau d'entrepreneures pour leur proposer d'organiser une contre-séance photo. Nous étions convenues d'un rendez-vous sur la terrasse de mes locaux, qui offrait une vue imprenable sur la tour Eiffel. Fany Péchiodat de My Little Paris, Philippine Dolbeau, fondatrice de Newschool, et une dizaine d'autres créatrices de start-up ont répondu à l'appel. Elles sont toutes venues en jean et chemise blanche pour poser tout sourire, le cœur vaillant. Nous prenions le risque de nous mettre à dos le magazine que nous critiquions. Notre mise en scène était tout aussi ridicule que la leur, mais elle était assumée. Notre audace a été appréciée et nous avons eu d'excellentes retombées dans la presse, en particulier dans le magazine *Challenges* grâce à la journaliste engagée Anne-Marie Rocco. Il était temps de mettre un véritable coup de pied dans la fourmilière. Nous avons fait en sorte que cet écosystème qui bouillonne aussi de femmes entrepreneures soit montré dans les médias. J'ai contacté Nathalie Balla, ex-PDG de La Redoute, pour lui proposer de créer une ligne de chemises blanches à prix accessible. L'idée essentielle de notre engagement est de défendre l'entrepreneuriat ou l'intrapreneuriat pour toutes en évitant l'entre-soi. « Nous formons le vœu que cette chemise blanche devienne un symbole puissant de l'entrepreneuriat au féminin. » Une partie des bénéfices a été reversée à la Fondation Margaret, pour financer les bourses d'études de nos jeunes lauréates.

Désormais, les choses bougent de plus en plus. Une centaine de start-up ont signé le « pacte parité » de la mission French Tech, en mars 2022, sous l'impulsion de sa directrice, Clara Chappaz. Sur le modèle de ce qui a déjà été imposé pour le CAC 40, les signataires se sont notamment engagés à atteindre un seuil minimal de 20 % de femmes au conseil d'administration de l'entreprise d'ici 2025, puis 40 % d'ici 2028 ; à mettre en place un accompagnement spécifique pour chaque salarié de retour de congé parental ; à former les managers sur les enjeux de la diversité et de la lutte contre les discriminations et le harcèlement. Malgré cette initiative formidable, le problème n'est pas résolu. On a déjà vu que la loi relative à la parité dans les instances dirigeantes du CAC 40 n'a pas eu l'effet escompté sur le reste de la chaîne de décision.

La JFD a été un véritable tremplin pour toute une génération d'entrepreneures, qui incarnent tout autant la French Tech que les hommes, et nous en avons déjà accompagné plus de 1000 ! Nous sommes fidèles à l'esprit de Serena Williams qui confiait : « J'aime imaginer que, grâce aux opportunités que j'ai eues, les sportives auront la possibilité d'être elles-mêmes sur le court. » Notre avons joué le rôle d'accélérateur en les introduisant auprès de clients et d'investisseurs potentiels, mais aussi en travaillant à leur visibilité. Notre réseau leur a été bénéfique : à la création d'une activité, tout le monde n'a pas le budget pour s'offrir les services d'un attaché de presse. « La créativité, c'est simplement relier les choses », répétait aussi Steve Jobs.

Dans ce chapitre, Layticia Audibert, Camille Bouget, Isabelle Rabier, Louise Lesueur et Koussée Vaneecke nous rappellent que toute réussite est collective.

Layticia Audibert

est la fondatrice
de la start-up tech Gandee,
une plateforme dédiée
à la responsabilité sociale
des entreprises (RSE)
et à l'engagement solidaire
au profit d'associations.

En 1989, je suis devenue double championne de France – en individuel et en équipe – de gymnastique rythmique et sportive (GRS). C'est la rigueur de cette discipline qui a fondé en partie ma personnalité. Plus que mes diplômes – j'ai décroché un bac + 6 en droit et un diplôme d'avocat –, ce titre sportif m'a souvent servi dans mes entretiens professionnels et dans ma carrière. Au-delà du titre, ce sont les valeurs et la posture induites par le sport qui ont été déterminantes lorsque je me suis lancée dans l'entrepreneuriat. Créer une start-up est un sport à part entière : jongler, trouver l'équilibre, échouer, gagner, apprendre, viser haut.

Car jouer et penser collectif, c'est l'histoire de ma vie. J'ai toujours eu un sens aigu de la justice et des inégalités.

La première fois que je m'en suis rendu compte, j'avais 6 ans et j'ai mené une fronde à la cantine car je trouvais que certains enfants étaient mal servis. Cette première révolution m'a marquée durablement. Devenir avocate était une vocation.

J'ai ensuite exercé plusieurs années dans le domaine de la gestion de fortune en tant que directrice juridique avant de prendre la tête d'une société de gestion d'actifs. Pendant mes dix-sept années d'exercice, mes engagements ont intimement mêlé ma vie personnelle à ma vie professionnelle. En 2013, j'ai créé une association qui éditait un webmagazine rempli de bonnes nouvelles : j'appelais les journalistes qui m'accompagnaient dans ce projet des « chasseurs de sourires ». L'objectif était de reverser les dons à d'autres associations pour aider des femmes, des sans-abri... Mais l'élément déclencheur est survenu de façon inopinée le jour de mes 40 ans. Je savais que mes amis allaient se cotiser pour m'offrir un cadeau dont je n'avais absolument pas besoin dans ce monde de surconsommation. Alors j'ai lancé un appel auprès de ma communauté pour leur proposer de réaliser une action solidaire pour mon anniversaire. Il est devenu viral : plus de 200 000 personnes l'ont vu !

J'ai compris que beaucoup de gens avaient envie de donner, d'aider, mais qu'ils ne le faisaient pas toujours à cause d'un déficit de confiance envers les associations.

C'est de ce constat qu'est née l'idée de créer un outil digital permettant à chacun de saisir n'importe quelle occasion (un anniversaire, un *team building**, une naissance, un événement sportif ou des obsèques) pour collecter des dons à destination d'associations labellisées ou de s'engager sur l'année. L'ADN de Gandee est d'inciter les entreprises et les citoyens à s'impliquer davantage dans la marche du monde. Via une plateforme *software as a service* (SaaS), Gandee est l'*impact manager* à portée de clic des entreprises de toutes tailles, qui leur permet d'accéder à des solutions clés en main pour s'engager au profit d'associations, mobiliser leur communauté, progresser en matière de RSE, communiquer sur leur action tout en automatisant la gestion administrative et fiscale du mécénat.

Nous venons également de lancer des collectes de dons dans le métavers* pour inclure la solidarité dans le monde virtuel et créer un pont avec le monde réel. Nous arrivons à un tournant de l'histoire : si nous ne coopérons pas en tant qu'êtres humains, il y a de forts risques que tout s'écroule. Nous devons laisser derrière nous notre monde autocentré et égoïste pour faire face aux enjeux de demain. Derrière ces belles paroles, il y a des réalités concrètes : nous sommes 8 milliards d'êtres humains sur Terre. Si chacun donnait 1 euro par an, en trois ans nous éradiquerions la faim dans le monde !

J'ai fait de cette phrase de Gandhi mon leitmotiv : « Donner l'exemple n'est pas la meilleure façon de faire : c'est la seule. »

Quand j'ai lancé Gandee il y a quatre ans, j'étais au milieu de la quarantaine. J'arrivais en tant que femme, pas spécialiste de la tech, dans un milieu majoritairement jeune… d'autant plus que j'avais été « incubée » à Station F ! J'ai rencontré un univers ouvert et stimulant, composé de gens qui voulaient faire bouger les lignes, innover, apporter des solutions.

Quand on monte une start-up tech, la première des qualités à cultiver est celle de l'ouverture d'esprit. Il faut pouvoir se « challenger » sur ses certitudes, savoir pivoter.

Pour être entrepreneur, il faut savoir s'entourer, avoir des mentors ou des associés de confiance. Il existe pour cela des réseaux et des clubs, comme la JFD, ou encore l'accélérateur d'Allianz dirigé par Sylvain Theveniaud – plus qu'un coach pour entrepreneurs, c'est un créateur de champions. Parce que les autres, c'est primordial.

Camille Bouget

est la PDG de Scienta Lab, une start-up qui vise à soutenir le développement de traitements personnalisés dans les maladies auto-immunes grâce à l'intelligence artificielle.

Une femme trentenaire qui a monté sa start-up dans la biotech avec son petit frère, ça ne laisse pas indifférent ! Nous sommes trois associés à la tête de Scienta Lab : Vincent, mon frère, pour le développement scientifique ; Julien Duquesne, son ancien camarade de promo, pour la partie technique ; et moi je suis la PDG. Nous avons déjà recruté une dizaine de personnes et levé 4 millions d'euros.

Après un doctorat en pharmacie et un master en marketing, j'ai travaillé cinq ans dans l'industrie pharmaceutique, d'abord en France, puis à Boston et à Amsterdam. C'était confortable, mais je me suis très vite demandé si le salariat était vraiment fait pour moi. Très vite, je me suis interrogée sur le processus de développement de nouveaux médicaments, qui ne me semblait pas logique. Les chercheurs trouvent d'abord une molécule, puis ils cherchent à savoir si elle fonctionne sur les pathologies. C'est un processus à tâtons ; lors de l'essai clinique, on teste une population de patients extrêmement spécifique, choisie pour démontrer l'effet thérapeutique du médicament. Il arrive donc fréquemment que le panel de personnes testées ne soit pas un échantillon représentatif du plus grand nombre...

Cette façon de procéder m'a paru limitée, alors que le champ des possibles est infini quand la tech est bien utilisée ! C'est pourquoi je me suis convaincue qu'une autre façon de procéder était possible, en intégrant les nouvelles technologies et en particulier l'intelligence artificielle.

J'en ai parlé à Vincent, qui venait de se lancer dans un master en entrepreneuriat lors de sa dernière année à CentraleSupélec. Nous nous sommes donné quelques mois de réflexion et de tests.

J'ai quitté mon emploi, je suis rentrée en France, et pendant six mois, les soirs et les week-ends, nous avons commencé à planter les graines de ce qui allait devenir Scienta Lab.

Nos recherches concernent les maladies auto-immunes. Au début, nous nous sommes concentrés sur la polyarthrite rhumatoïde, une maladie bien connue, pour laquelle on peut noter que de nombreuses options thérapeutiques existent. Ensuite, nous avons ouvert notre champ de recherches à d'autres maladies dont le point commun est l'auto-immunité. Une vingtaine peuvent être ciblées, telles que le lupus, le psoriasis, la maladie de Crohn, la spondylarthrite...

Notre objectif est de développer un modèle d'intelligence artificielle à partir des informations récoltées auprès de patients atteints par ces maladies auto-immunes, et qui ont accepté l'utilisation de leurs données dans un but de recherche.

Une fois que ce modèle a enregistré les caractéristiques d'un patient, cette connaissance est utilisée dans le processus de recherche et de développement d'un nouveau médicament pour s'assurer que le traitement réponde à ses besoins. Nous proposons à l'industrie pharmaceutique de procéder tout à fait à rebours de la manière actuelle de développer un médicament, en se concentrant non pas sur la molécule mais sur le patient. La technologie se met au service des patients.

Notre jeune âge et notre vision à contre-courant étaient dès le départ de sérieux handicaps.

Heureusement, Vincent et Julien ont pu faire jouer leur communauté et accéder au réseau des alumni. C'est grâce à cela que nous avons pu trouver nos premiers investisseurs, lever des fonds et être « incubés » à Station F. Le réseau, ça marche. Jouer collectif pour nous, c'est primordial. Nous devons avancer main dans la main avec des professeurs et des chercheurs qui n'ont pas du tout la même façon que nous d'aborder la recherche médicale. En tant que spécialistes dans la tech, cela nécessite un grand travail d'évangélisation, pour être crédibles puis être entendus. Il ne faut pas oublier que certains médecins n'envisagent pas encore la tech comme un partenaire de soin, ils ont peur d'être remplacés. Or, dans une même profession, si certaines tâches sont automatisables, d'autres ne le sont pas.

Notre propos, c'est de démontrer que la tech peut nourrir la médecine et inversement.

Le challenge, ce n'est pas d'être expert. C'est de faire communiquer les experts entre eux.

Notre start-up n'en est encore qu'à ses débuts, mais je suis confiante. Et puis, nous avons la sensation d'œuvrer pour le mieux. Notre but, c'est d'utiliser la technologie pour avoir une incidence positive sur la vie des patients et la société.

Isabelle Rabier

est une entrepreneure aguerrie, fondatrice de la solution Jolimoi. Après une première aventure dans la cosmétique, elle a inventé de nouveaux modèles de vente ciblés, grâce à la technologie et au pouvoir de la recommandation.

À l'âge de 16 ans, je suis partie faire mes études en Australie, puis en Angleterre. Mon envie d'être entrepreneure tient plus au fait d'avoir été déracinée à un moment charnière de ma vie qu'aux études que j'ai suivies. En Australie, tous les jeunes ont un petit boulot; à Londres, j'ai créé ma première start-up avec un groupe d'étudiants.

C'est ce mélange entre vie professionnelle et études qui m'a permis de mettre un pied en entreprise et qui a forgé ma capacité d'adaptation.

De retour en France, j'ai poursuivi un enseignement orienté vers le monde des affaires, avec HEC Entrepreneurs. Ces expériences internationales ont nourri mon approche, parce que lorsque vous arrivez dans un autre pays avec vos certitudes, vous prenez rapidement conscience que ce que vous prenez pour acquis ne veut rien dire pour les autres. C'est ce qui a développé chez moi le réflexe d'être toujours à l'écoute de ce qui se passe, de comparer différents points de vue – un réflexe qui m'a aidée à devenir entrepreneure.

Jolimoi, que j'ai lancée en 2017 avec trois associées, en est un bon exemple. C'est le fruit d'une première aventure entrepreneuriale, les cosmétiques Dermance, que j'ai créées en 2010. Destinée aux femmes de plus de 45 ans, c'était l'une des premières marques pro-âge, avec un nouveau modèle de vente sur Internet fondé sur la recommandation et une optimisation à l'aide de la tech. J'ai développé une première plateforme digitale pour Dermance et, forte de cette expérience, j'ai lancé Jolimoi, qui a confirmé mon intuition première : il y a une accélération très nette vers ces nouveaux métiers et modes de conseil.

Jolimoi, c'est d'un côté une plateforme technologique pour aider à l'hyperpersonnalisation du conseil, et, de l'autre, une communauté de *social sellers* qui s'appuie sur ces technologies.

Le *social selling* est l'art de recommander un produit à travers une communauté que l'on anime sur les réseaux sociaux. C'est une véritable révolution dans la façon de vendre. Tout le monde a un jour acheté un produit ou lu un livre sur la recommandation d'un ami. Aujourd'hui, les Français font plus confiance à un tiers qu'à une publicité.

Nos 11 000 vendeurs bénéficient d'outils, de conseils et de recommandations qui leur permettent de développer un business indépendant, car nous ne pouvons pas accompagner individuellement autant de gens !

Ce modèle s'appuie sur un collectif de marques que j'ai intégrées dans des formes d'e-commerce qui n'existaient pas.

Mon challenge, c'est d'arriver à faire du collectif tout en étant dans la personnalisation.

Nos vendeurs ont tous des profils très différents. C'est ce qui fait la richesse et l'impact de Jolimoi. Notre maxime : « Ensemble, on va plus vite et plus loin. » J'aime l'idée de recréer ce lien humain, et c'est pourquoi je pense que nous sommes clairement le futur du commerce.

L'intelligence artificielle est un outil extrêmement puissant, et nous sommes déjà un partenaire privilégié de certains modèles d'IA avec Amazon, non pas pour remplacer nos vendeurs, mais pour les rendre plus performants et les aider à affiner leurs ventes et à gagner en autonomie.

Un algorithme ne s'intéresse pas à vous, mais un *social seller*, si ! Il existe un risque de fracture technologique avec l'IA. Il faut se poser cette question pour aider les populations – les jeunes mais surtout les seniors – à se former et à adopter ces nouveaux outils. Il faut aussi mettre en place une gouvernance de l'IA européenne, parce que les enjeux démocratiques des algorithmes sont importants. En tant que membre du conseil d'administration de France Digitale, la plus grande association de start-up en Europe, j'y travaille. Parce que mon activité utilise des réseaux sociaux, des leviers de communication viraux et hyperpuissants, je connais bien les risques des *deep fakes* (de faux contenus rendus crédibles par l'IA) pour la démocratie, mais aussi pour la consommation. Nous travaillons en ce moment avec l'Autorité de régulation professionnelle de la publicité (ARPP) pour développer un certificat de *social selling* responsable pour tous. Je veux utiliser le digital à bon escient. Ce qui est formidable avec Jolimoi, c'est que grâce au collectif et aux outils que nous avons créés, nous permettons à 11 000 personnes de pouvoir comprendre et utiliser l'IA. L'impact social, c'est d'agir auprès des populations qui ne sont pas forcément les mieux armées aujourd'hui, parce que la tech est complexe et va très vite.

LAURÉATE
DU PRIX **LES
MARGARET
JUNIOR**

LA RELÈVE

Louise Lesueur

13 ANS
EUROPE 2021

Son application, Together, a pour objectif d'améliorer le suivi médical des enfants et des personnes handicapées. Elle permet à tous les intervenants autour du patient d'accéder en un clic à l'ensemble de ses données médicales.

Pourquoi cet intérêt pour la tech ?
Je me suis inscrite à un cours de codage, d'abord par curiosité... Cela m'a beaucoup plu. J'ai développé quelques applications et, après deux ans de codage, j'ai intégré un groupe de design de jeux vidéo.

Qu'aimeriez-vous faire dans dix ans ?
J'aimerais devenir footballeuse professionnelle et développer des projets digitaux autour du football. La tech, c'est le quotidien, le présent et le futur.

L'UNION FAIT LA FORCE

« Koussée Vaneecke

est présidente du directoire d'EuraTechnologies, l'un des incubateurs et accélérateurs de start-up leaders en Europe.

C'est important de penser collectif quand on est entrepreneur ?

K. V. — On parle souvent de la solitude du chef d'entreprise : c'est vrai, porter son projet et le mettre en œuvre, c'est difficile. Mais la puissance du collectif permet de limiter cette solitude. La force d'un incubateur comme le nôtre, c'est de permettre au dirigeant d'échanger pour apprendre des autres, d'aller plus vite et d'éviter de faire des erreurs. Je tiens beaucoup à ce que notre incubateur soit accessible en présentiel, particulièrement depuis la crise de la Covid-19. On ne peut pas monter une entreprise en étant seul dans sa chambre devant un écran ! Les promotions que nous soutenons s'installent dans nos locaux et ont la possibilité d'y rester après avoir été « incubées ». Elles sont accompagnées et soutenues à chaque étape de leur développement.

Quels sont les soutiens les plus utiles ?

K. V. — Tous ! Un projet est par nature amené à évoluer : il faut régulièrement le soumettre à ses pairs, aux clients et aux mentors. Un bon support familial est également important ; il peut apporter une certaine stabilité. Il faut vraiment se représenter le startupeur comme un sportif de haut niveau, qui a besoin d'être suivi tant sur le plan physique que sur le plan psychique. La santé mentale est primordiale : par exemple, les femmes de notre incubateur se réunissent chaque jeudi pour parler à cœur ouvert et tomber les masques.

Mais à la fin il n'y a qu'un seul dirigeant...

K. V. — Oui, et il ne faut pas l'oublier. Les femmes souffrent bien plus souvent du syndrome de l'imposteur que les hommes et peuvent avoir une tendance à se cacher derrière le collectif. Je leur dis fréquemment qu'il faut savoir passer du « nous » au « je ». Comme les sportifs ! Pour réussir, un champion a besoin du soutien d'une équipe, mais à la fin c'est lui qui monte sur le podium. Il faut savoir prendre la lumière.

03

Discipline

« L'entrepreneuriat et l'innovation relèvent plus de la course de fond que du sprint. Nous puisons chacune ce sens de la discipline dans nos histoires intimes. »

Mon père était numéro un partout. Il pratiquait le tennis, le handball, la course à pied. C'était un homme endurant. En tant qu'officier, il dirigeait le service des sports de Saint-Cyr ; dans ce cadre-là, il était aussi parachutiste. Je l'ai malheureusement très peu connu (j'avais neuf mois quand il est décédé dans un crash d'avion militaire). Il m'a légué son sens du devoir, qui a guidé toute ma vie. Je ne suis pas entrée à l'armée, mais j'ai fait mes classes à la Légion d'honneur, une institution où la rigueur est le mot d'ordre ; le sens de la discipline est l'une des matières premières pour forger toute vocation entrepreneuriale.

La pandémie de la Covid-19 a pour moi été une période très compliquée. J'étais déjà malade quand le premier confinement a été annoncé. J'avais en effet contracté le virus quelques jours auparavant, à Bercy. Début mars, la JFD était invitée au ministère de l'Économie et des Finances, aux côtés de Cédric O, alors secrétaire d'État chargé du numérique. Nous lui avions remis notre « Manifeste pour un monde digital inclusif 2120 ». 2120 fait référence à la date fixée par le rapport Global Gender Gap du Forum économique mondial pour atteindre la parité entre les femmes et les hommes dans le monde. Au total, seize grands acteurs de l'économie, tels que le groupe La Poste ou Air France, avaient signé ce manifeste pour accélérer la cadence de l'égalité. Chacun avait pris des engagements chiffrés pour faire progresser la parité. Nous nous retrouvions à Bercy pour dresser le bilan, un an après. C'était passionnant, mais nous étions très nombreux, trop nombreux… un cluster. Je l'ai compris quelques jours plus tard, quand le virus m'a fait l'effet d'un coup de massue, et que nous étions toutes et tous cloîtrés à domicile.

Il était hors de question de lâcher les rênes de mon entreprise. Je devais assurer, coûte que coûte, d'autant plus que toutes mes équipes étaient plongées dans un état d'anxiété face à ce monde en train de chavirer. L'économie risquait de flancher, les annonceurs et les clients menaçaient de faire volte-face et de rompre nos contrats. J'ai assuré comme j'ai pu. Mon compagnon a été d'un immense soutien – il était le seul à me savoir malade. J'ai tenu bon et, très rapidement, les clients nous ont sollicités quand ils ont compris l'importance de mettre un coup d'accélérateur à la transformation digitale de leurs activités. C'est ainsi que nous avons pu accompagner le développement de plusieurs plateformes de commerce en ligne.

L'entrepreneuriat et l'innovation relèvent plus de la course de fond que du sprint. Nous puisons chacune ce sens de la discipline dans nos histoires intimes. J'ai partagé un morceau de la mienne en parlant de mon père. Les femmes de ma famille sont tout aussi importantes. Ce sont des femmes inspirantes, puissantes. Ma grand-mère, formée aux beaux-arts, était une femme avant-gardiste et divorcée. Dans la France des années 1950, elle avait fière allure dans ses pantalons de garçonne ! Elle dirigeait une galerie d'art à Clermont-Ferrand et a contribué à introduire en France le design scandinave. Ma mère s'inscrit dans ce sillage, puisqu'elle est devenue artiste peintre. J'ai passé mon enfance à la regarder faire et refaire, sans relâche, des toiles dans son atelier. La créativité est aussi une affaire de discipline. C'est d'ailleurs en leur hommage que j'ai voulu collaborer avec l'illustrateur Marc-Antoine Coulon pour incarner les portraits de ce livre. Nous avons choisi le bleu Klein, qui représente un appel à l'innovation et à la créativité.

> **Un entrepreneur est celui qui ose défier les normes établies en prenant des risques et en s'aventurant dans l'inconnu pour atteindre de nouveaux sommets.**

Cette couleur emblématique symbolise le dépassement des frontières de la connaissance et de l'imagination. Klein considérait d'ailleurs que l'espace était un élément fondamental de son art, et cette utilisation du bleu évoquait l'infini, le mystère et l'immensité de l'univers. L'artiste et l'entrepreneur partagent cette quête de l'exploration, ce vertige que l'on éprouve avant de sauter dans le vide.

Marc-Antoine Coulon dit que le plus intense, dans un portrait, c'est le regard. Je suis d'accord avec lui. On y retrouve la lueur de toutes les histoires que nous transportons.

Dans ce chapitre, Tayeba Chaudhary, Arielle Kitio-Tsamo, Sarah Legendre-Bilodeau, Malebina Tšotšotšo et Camélia Ntoutoume-Leclercq insistent sur l'importance de la discipline au travail. La rigueur, c'est leur force !

Tayeba Chaudhary

est ingénieure de formation. Elle a créé Fullsoon avec son frère Hassan et sa sœur Misba. Cette innovation à impact écologique, fondée sur l'analyse de données, a pour objectif de gérer et d'optimiser les stocks de la restauration.

Mon père est autodidacte. Arrivé du Pakistan il y a cinquante ans, il a débuté comme ouvrier, puis a monté, avec succès, sa société dans le secteur du bâtiment et des travaux publics. Il a toujours eu la volonté d'être son propre patron. Pour nous, ses enfants, il a été un modèle inspirant : il nous a notamment transmis le sens de la discipline au travail.

Quand on est entrepreneur, la discipline est essentielle pour garder la tête froide, contrôler ses émotions, tenir sur la durée, et surtout pour organiser son temps entre le pro et le perso, afin d'éviter le burn-out.

La discipline est indispensable dans la manière de structurer son entreprise et de gérer ses équipes. C'est à l'entrepreneur d'insuffler un modèle aux salariés qu'il manage pour atteindre un niveau d'excellence et de rigueur qui soit commun à l'ensemble de l'entreprise.

Pour garder un mental de battante et m'imposer comme entrepreneure dans un milieu très masculin, le sport tient une part essentielle dans ma vie.

Je fais du fitness et du crossfit depuis de nombreuses années. C'est grâce à la discipline sportive que je peux dépasser mes limites, me fixer des objectifs, franchir les obstacles et garder une certaine rigueur dans mon rythme de vie.

J'ai d'abord travaillé comme ingénieure dans la mécanique, mais j'étais attirée par le monde des affaires. Alors j'ai fait un master en commerce international qui m'a permis de monter des filiales pour des sociétés françaises à l'étranger où j'ai pu développer tout l'aspect commercial, la négociation et la stratégie. J'ai rapidement pris goût à l'entrepreneuriat. Avec mon frère et ma sœur, nous souhaitions travailler ensemble sur un projet à impact. Depuis une dizaine d'années, nous étions très actifs dans des associations comme Au Cœur de la Précarité, qui distribue des repas aux sans-abri et aux personnes dans le besoin. Mon frère s'est spécialisé dans l'analyse de données. À l'époque, il travaillait pour un groupe hôtelier sur la prévision du taux d'occupation des hôtels. Il s'est vite aperçu de la quantité énorme de nourriture jetée au moment du buffet du petit déjeuner, alors que les produits étaient encore propres à la consommation. C'était une aberration !

En nous penchant sur le problème, nous nous sommes rendu compte que les restaurants avaient du mal à prévoir leur taux de fréquentation et ce qui allait être consommé par leur clientèle. Ils préféraient gaspiller plutôt que de risquer de rater des ventes !

Les chiffres sont choquants : en France, nous jetons plus de 10 millions de tonnes de nourriture par an !

Si nous sommes capables de prévoir le taux d'occupation des hôtels, pourquoi ne pas faire de même pour les restaurants ? Quand nous avons eu l'idée de Fullsoon, je suis rentrée à Paris et nous avons créé la société en février 2022.

Il existait évidemment des solutions de stock classiques pour faciliter la prise de commande, mais quasiment rien pour anticiper les ventes grâce à l'intelligence artificielle. C'est vraiment la nouveauté que nous avons apportée : nous avons évangélisé le marché sur ce sujet. Je suis convaincue que l'intelligence artificielle est un progrès ; c'est un outil de travail qui n'est pas voué à se substituer aux prises de décision humaines. Nous utilisons l'IA pour réaliser des prévisions de ventes et ainsi estimer au mieux les quantités à acheter auprès des fournisseurs.

L'objectif est de réduire le temps que passent les restaurateurs sur ces tâches chronophages, pour qu'ils puissent se concentrer sur leur cœur de métier, qui est de cuisiner et servir la clientèle.

Notre solution atteint aujourd'hui 94 % de précision et permet de réduire les pertes de près d'un tiers, de gagner jusqu'à 6 points de marge sur les coûts des matières, et ce, dans un contexte inflationniste. Elle permet également de suivre les taux de marge générés par la vente de chaque plat à la carte et d'identifier rapidement leur rentabilité. Nous améliorons la performance et nous augmentons la marge des restaurateurs. Aujourd'hui, nous avons signé plus de vingt-cinq contrats, nous contractualisons avec les maisons mères, et nous nous déployons dans l'ensemble de la chaîne, à travers le groupe Accor, Factory & Co, Crêpe Touch…

Les femmes ne sont pas suffisamment représentées dans le secteur de la tech, notamment dans la foodtech*. C'est le constat que j'ai fait durant mes études d'ingénieure.

Nous étions trois femmes dans la promotion ingénierie mécanique, et, quand j'ai basculé dans la tech, j'ai pris conscience que c'est un milieu d'hommes où les décisions sont prises par des hommes, où les clients sont des hommes, et les utilisateurs aussi ! Les femmes sont sous-représentées, car elles ne se sentent pas légitimes d'entreprendre seules et pensent qu'elles ne seront pas prises au sérieux.

Heureusement, les choses changent. Les femmes ont compris que l'entrepreneuriat est un levier d'émancipation. J'aime voir la génération Z, militante et engagée, bousculer les codes. Et j'ai à cœur de penser que les PDG de demain, même si ce sont des hommes, se battront pour la mixité au sein de leurs équipes.

Arielle Kitio-Tsamo

est entrepreneure et informaticienne camerounaise. Elle a fondé en 2017 Cameroon Youth School Tech Incubator (Caysti), qui initie les jeunes générations à l'innovation technologique, à la programmation et à la robotique.

Le génie sans discipline, c'est du gâchis. Tout le monde connaît cette formule : nos résultats, c'est 1 % d'inspiration et 99 % de transpiration. J'étais une très bonne élève, mais quand j'ai dû aller à l'université, je me suis sentie noyée au milieu de centaines d'étudiants. Alors j'ai postulé pour suivre un cursus en informatique, qui recevait moins d'élèves. J'ai été prise : c'était mon premier pas vers ce que je fais aujourd'hui.

J'ai découvert le super-pouvoir de créer. Le premier logiciel que j'ai finalisé était un conjugueur qui permettait d'accorder n'importe quel verbe à tous les temps. C'était magique !

J'adorais le côté pratique des apprentissages autant que mes camarades filles le fuyaient. Lorsque l'on préparait un événement pour présenter nos créations techniques, les garçons cherchaient la meilleure façon de l'organiser pendant que les filles s'occupaient du buffet. On n'a pas appris aux filles à se mettre en avant !

Alors, en 2015, j'ai créé Information Technology for Women and Youth (WIT), une association qui valorise les femmes camerounaises dans les domaines de la science et de la tech, et les encourage à opter pour ces filières. Il y avait tellement de demandes que, deux ans plus tard, j'ai décidé de professionnaliser l'offre et de l'étendre aux garçons. J'ai ainsi créé Cameroon Youth School Tech Incubator (Caysti), un centre d'éveil technologique qui initie les jeunes à l'innovation tech, à la programmation et à la robotique.

Les évolutions du monde m'ont aidée : la crise de la Covid-19, l'explosion de l'intelligence artificielle et plus précisément l'arrivée de Chat GPT* ont fait comprendre aux gens que la créativité numérique est cruciale.

Avec Caysti, nous travaillons sur quatre principaux piliers : d'abord, la formation des enfants, l'apprentissage du code et de la robotique, le développement de la créativité, l'initiation à la résolution des problèmes et l'innovation technologique. Nous accompagnons en 2024 environ 34 000 élèves. Autre pilier : la formation des enseignants au numérique, pour rendre les cours plus attrayants, plus interactifs, faciliter les processus d'évaluation, la remédiation et la planification. Et puis, en tant que centre de formation professionnel, nous avons mis sur pied Techwomen Factory, une école de codage qui forme et assure l'insertion professionnelle des jeunes, et des femmes en particulier, dans les métiers du numérique. Nous avons également un volet logiciel et ingénierie techno-pédagogique : nous développons des jeux vidéo, des plateformes d'apprentissage en ligne et des dessins animés en 2D ou en 3D pour l'éducation. Nous avons par exemple produit pour le ministère camerounais des Finances et le Programme des Nations unies pour le développement (PNUD) des dessins animés d'éducation financière, traduits en langues nationales et en langue des signes ; pour l'Unicef, nous avons réalisé des dessins animés d'éducation nutritionnelle. Enfin, notre quatrième pilier est l'accompagnement BtoG (*business to government*) : nous collaborons avec le gouvernement camerounais et les Nations unies sur des questions qui tournent autour de la tech et de l'éducation. Pour résumer, notre activité tient en trois mots clés : éducation, innovation et inclusion.

En 2019, j'ai remporté le prix Les Margaret pour notre programme ABC Code, une plateforme numérique qui permet d'initier les enfants du Cameroun, de la République démocratique du Congo (RDC) et du Sénégal au codage en français et surtout en langues nationales telles que le fulfulde. Jusqu'à présent, les contenus tech étaient élaborés principalement en anglais, ce qui créait chez nous une barrière dans l'accès à la formation.

Une fois que nos étudiants ont terminé leur formation, je ne les lâche pas dans la nature.

Mon projet implique de garder les pieds, le cœur et le cerveau connectés aux autres. L'empathie est une qualité importante dans mon métier.

En 2023, sur 179 élèves – dont 142 femmes –, 68 % ont été placés dans des entreprises nationales et internationales (dont la Société allemande pour la coopération internationale et la Banque mondiale). 11 % ont lancé un projet entrepreneurial dans le secteur de la santé, de la nutrition et du changement climatique. Nous sommes fiers que nos talents créent de la valeur au Cameroun et à l'international.

Je suis souvent sollicitée pour intervenir lors de conférences. C'est flatteur : les gens m'applaudissent, mais je préfère rester concentrée sur mon objectif. Apprendre à dire non, c'est important, surtout pour les femmes. On nous a répété que c'était impoli, mais cela fait partie des apprentissages : être une femme dans la tech, c'est aussi savoir déconstruire pour mieux développer sa pensée critique.

Sarah Legendre-Bilodeau

est associée et PDG de Videns Analytics, qui accompagne les entreprises dans le développement de solutions appuyées sur les données et l'IA.

À l'origine, je ne me destinais pas à travailler dans la tech. Dans ma première vie, j'étais musicienne professionnelle, hautboïste plus précisément, issue d'un parcours classique au Conservatoire de musique de Québec.

J'ai fondé ma famille dans la jeune vingtaine. Mon conjoint et moi avons donc quatre enfants, âgés de 17 à 25 ans. Lorsqu'ils étaient petits, je suis retournée sur les bancs de l'école, j'ai pris des cours de mathématiques, de statistique, de physique, de sciences, puis j'ai terminé par une maîtrise en intelligence d'affaires. Au Québec, il est possible de se réorienter assez facilement. Si quelqu'un veut devenir médecin à 45 ans, c'est possible !

Ensuite j'ai travaillé plusieurs années dans le secteur bancaire et des assurances – notamment dix ans au sein de la plus importante coopérative financière d'Amérique du Nord – avant de fonder Videns Analytics.

C'était une formidable école ! J'ai pu goûter à toutes les tendances de la donnée, à une époque où l'on ne parlait pas encore beaucoup d'intelligence artificielle.

Pendant deux ans, avec Virginie Boivin, ma future associée, nous avons travaillé sur le projet de notre entreprise. Il fallait sauter le pas ! Ce n'était pas facile, j'ai pleuré en quittant mon emploi, mais je ne le regrette pas une seconde. C'était il y a cinq ans.

Notre succès a été rapide : nous avons doublé nos effectifs tous les ans pendant les quatre premières années. Nous avons maintenant une équipe d'une quarantaine de personnes pour accompagner nos clients dans le développement de solutions en valorisation des données et en intelligence artificielle. Notre portefeuille est constitué de belles entreprises québécoises et françaises, mais également de PME qui ont besoin d'automatiser de façon intelligente certains de leurs processus ou bien d'anticiper ce qui va arriver, d'apporter du prédictif dans leurs activités. Nous travaillons par exemple avec Airbus et Covéa en France, iA Groupe financier au Québec…

Nous n'avons jamais levé de fonds. Je sais qu'en France c'est valorisé, mais cela a un coût. Nous avons choisi de n'être que trois associés, deux femmes et un homme. Nous prenons toutes nos décisions ensemble. C'est collaboratif, collégial, et nous sommes complémentaires.

Il n'est pas rare d'entendre parler des « filles de l'IA » pour désigner Videns. Être une femme

entrepreneure, dans la tech et encore plus en intelligence artificielle, étonnamment cela surprend encore. Les stéréotypes étant toujours présents, nous devons démontrer notre pertinence et notre crédibilité davantage que les hommes.

Nos métiers sont un peu mystérieux pour la majorité des gens, qui nous imaginent souvent comme des geeks accros aux jeux vidéo, sans cesse rivés à leur écran d'ordinateur. Alors que moi, ce qui me passionne, c'est la résolution de problèmes, la recherche de solutions.

Il faut être créatif, ne pas avoir peur de tester des choses qui ne sont pas encore éprouvées, qui ne sont pas arrivées à maturité. Si je devais faire un lien avec la musique, c'est ce côté créatif que je soulignerais. Je me démarque aussi parce que je suis une extravertie… dans un monde d'introvertis. Par exemple, je donne beaucoup de conférences sur le sujet de l'intelligence artificielle.

Fait rare dans le domaine de l'IA, Videns Analytics a recruté, au fil des ans, plus de femmes que d'hommes. Je pense que c'est aussi grâce à nos prises de parole. Nous sommes très actives au quotidien sur nos réseaux sociaux. Cette rigueur nous a sans doute aidés à nous démarquer et à nous positionner favorablement dans l'écosystème. Avoir davantage de modèles féminins encourage les femmes à se représenter dans la tech et dans les entreprises.

L'activité physique est importante pour mon équilibre. Je suis une yogi invétérée : je pratique le power yoga tous les jours, tôt le matin, ou le soir. Quand j'ai lancé Videns Analytics, j'en faisais depuis dix ans, mais j'ai arrêté pendant deux ans pour me consacrer entièrement à l'entreprise. Cela m'a beaucoup manqué ! J'ai eu la sensation de perdre mes repères, alors j'ai recommencé… Depuis, j'ai atteint un équilibre et je me sens exactement là où je dois être !

De la musique à la tech en passant par ma discipline physique, la rigueur, la détermination et la ténacité sont au cœur de mes actions. Et c'est certain : je ne lâche pas le morceau.

LAURÉATE
DU PRIX **LES MARGARET JUNIOR**

LA RELÈVE

Malebina Tšotšotšo

17 ANS
AFRIQUE 2022

Sa plateforme d'apprentissage, MTutor, facilite l'accès à l'éducation, en particulier pour les habitants des zones rurales et excentrées, afin de briser le cycle de la pauvreté. Cette application est destinée aux élèves, aux professeurs et aux parents.

Comment êtes-vous arrivée dans la tech ?
C'est mon envie d'éducation pour tous qui m'a conduite à la tech. L'éducation doit être un droit et non un privilège.

À quoi sert la tech ?
Si plus de jeunes avaient accès à une culture tech, imaginez le nombre d'innovations stupéfiantes que nous pourrions mettre au point et leur impact sur nos modes de vie !

LA DISCIPLINE
EST LA CLÉ DU SUCCÈS

« Camélia Ntoutoume-Leclercq

Ministre de l'Éducation nationale du Gabon, fruit de la méritocratie, Camélia Ntoutoume-Leclercq a fait de la discipline le moteur de sa réussite.

La discipline a-t-elle joué un rôle important dans votre carrière ?

C. N.-L. — Avec mon parcours atypique, si je n'étais pas disciplinée, je n'aurais jamais réussi. J'ai d'abord commencé par un BTS action commerciale, puis je me suis spécialisée en management des entreprises. Ensuite, j'ai fait Sciences Po, puis j'ai passé le concours de l'ENA, et enfin je suis entrée au Celsa. La discipline a guidé toute ma vie ! Depuis toujours, je prends plaisir à former et à amener les gens à comprendre la vision qui est la mienne.

Quel sera, selon vous, l'impact de l'intelligence artificielle et des nouvelles technologies dans l'éducation ? Faut-il les encourager et avec quelles limites éventuelles ?

C. N.-L. — L'arrivée de l'intelligence artificielle dans les écoles promet une transformation et une révolution dans la manière d'apprendre, et elle aura un véritable impact sur l'éducation à l'échelle mondiale, en particulier pour les jeunes filles. Il est toutefois crucial de mettre en place des politiques et des pratiques éthiques pour en garantir une utilisation responsable, équitable et confidentielle.

En tant que ministre de l'Éducation nationale du Gabon, l'éducation des jeunes filles au monde de la tech vous semble-t-elle urgente ?

C. N.-L. — Le Gabon est le sixième pays africain le plus connecté au monde et est le futur hub numérique d'Afrique centrale et de l'Ouest, selon un rapport de la Banque mondiale. Nous ne pouvons plus nous priver de la moitié des talents. C'est le sens de mon engagement avec le lancement en 2021 de la JFD à Libreville, aux côtés de Delphine Remy-Boutang. Ma génération a l'obligation d'ouvrir la voie à d'autres femmes, car, comme le disait Nelson Mandela, « aucun de nous, en agissant seul, ne peut atteindre le succès ».

04

Compétition

« Pour espérer jouer franc-jeu
entre les hommes et les femmes,
les règles de participation
doivent être redéfinies. »

Le pouvoir ne se donne pas, il se prend, a dit Delphine Ernotte, PDG de France Télévisions, à l'ouverture de la JFD en 2017. C'est devenu mon mantra. L'esprit de compétition est inhérent à l'aventure entrepreneuriale. Détester perdre est une mentalité tout à fait saine. Qui oserait se lancer sans être porté par l'espoir de gagner ? Il faut du courage pour se présenter sur la ligne de départ quand on sait que la moitié des joueurs disparaîtront en moins de deux ans.

Les femmes sont les premières dans cette ligne de mire parce qu'elles sont moins soutenues. À peine 3 % des start-up dirigées par des femmes sont financées par des fonds de capital-risque. Les hommes récupèrent la majorité des fonds disponibles. À l'échelle mondiale, seul un entrepreneur à forte croissance sur quatre est une femme, selon le Global Entrepreneurship Monitor. Pour espérer jouer franc-jeu entre les hommes et les femmes, les règles de participation doivent être redéfinies. C'est pourquoi je crois que la discrimination positive peut corriger les inégalités de départ dans la société. Le Québec a été pionnier en la matière : dans les années 2000, Monique Jérôme-Forget, alors ministre du Budget, a mis en place une politique exemplaire de discrimination positive dans la province. Pour résorber l'inégalité salariale entre les hommes et les femmes (en particulier pour les métiers sous-valorisés), elle a gelé les salaires des fonctionnaires pendant deux ans. Les travailleuses concernées se sont partagé 1,5 milliard de dollars de compensation. Voici un modèle qui pourrait être dupliqué partout. Il serait temps que la tech se mette au diapason, dans le public comme dans le privé. La loi Copé-Zimmermann du 27 janvier 2011 impose la présence des femmes dans les conseils d'administration et de surveillance des grandes sociétés. Malheureusement, cette féminisation n'a pas eu l'effet escompté sur le reste de la hiérarchie.

Mais le combat continue grâce à des femmes engagées, comme la députée de l'Essonne, Marie-Pierre Rixain, à l'initiative de la loi dite Rixain du 24 décembre 2021, qui impose un quota de 40 % de femmes cadres dirigeantes dans les postes de direction des grandes entreprises à l'horizon 2030, sous peine de pénalités. Elle a également tout mon soutien pour avancer sur une nouvelle proposition : en 2020, j'avais proposé au gouvernement une mesure équivalente destinée au fonds d'investissement qui encadrerait un plafond de financement pour les entreprises qui ne comptent aucune femme parmi leurs cofondateurs. Pour financer une entreprise à plus d'un million d'euros, les fonds d'investissement devront exiger la parité au sein du conseil d'administration[1].

---

1. Delphine Remy-Boutang, « Inciter et imposer le duo gagnant de l'égalité femmes-hommes », *Lexpress.fr*, 5 novembre 2020.

C'est le rôle du politique de faire pencher la balance vers l'égalité. L'adoption du principe d'éga-conditionnalité dans l'accès à la commande publique, annoncé par le gouvernement en mars 2023, va dans ce sens. Il faudrait qu'il s'applique à tous les secteurs économiques, y compris dans le mécanisme des levées de fonds.

C'est ce que je fais, en tant que *business angel*, à travers Arver, ma société d'investissement indépendante en capital-risque. Arver investit dans des entreprises à impact à fort potentiel conduisant à des avancées technologiques au service de nos sociétés.

Je crois que, pour changer le monde, il faut commencer par changer la façon dont il est financé. Je soutiens la croissance d'entreprises technologiques innovantes dirigées ou cofondées par des femmes. Je crois en la métaphore du colibri qui fait des allers-retours avec quelques gouttes d'eau dans son bec pour éteindre un incendie. Au-delà des mesures politiques, chacun doit prendre sa part. Je crois en l'exemplarité au quotidien, même pour les petites actions. Chacune des femmes présentes dans ce livre assume sa part.

Dans ce chapitre, Nelly Chatué-Diop, Eloa Guillotin, Emmanuelle Roger, Allyah Semiai et Nathalie Collin nous expliquent en quoi l'esprit de compétition est primordial pour réussir dans l'entrepreneuriat.

Nelly Chatué-Diop

est une entrepreneure de la fintech. Elle est la fondatrice d'Ejara, une plateforme mobile qui permet aux Africains d'investir et d'épargner à partir de petites sommes.

Quand j'avais 13 ans, en 1994, le Cameroun a été frappé de plein fouet par la dévaluation du franc CFA. Pendant presque deux ans, mon père n'a plus touché de salaire. Du jour au lendemain, notre situation s'est dégradée. J'ai vécu cela comme une grande injustice. Comment était-il possible qu'un événement extérieur mette soudain à mal la vie d'une famille ? Et surtout, comment se protéger en cas de coup dur ?

Je pense que c'est de cet événement, de ce besoin de justice sociale, qu'est née mon obsession d'aider les autres à protéger leur argent et à s'y intéresser.

J'ai un immense respect pour le travail. Pour moi, c'est facile : j'ai étudié, je travaille en France. Mais en Afrique, énormément de gens triment pour gagner six euros par jour, avec lesquels ils doivent nourrir leur famille et épargner. Cet argent qu'ils mettent tant d'énergie à gagner, je consacre mon énergie à le faire fructifier. Avec Ejara, je veux changer le système.

Je suis accro à la compétition. Dès qu'on me dit que quelque chose est difficile ou impossible, c'est irrésistible : j'ai envie de m'y attaquer.

Je pense que c'est lié à mon éducation. Quand j'étais petite, mon père me disait : « Plus tard, tu pourras être présidente du monde. » Il était féministe, j'étais l'aînée de ses cinq filles, et pour moi cet état d'esprit était une évidence.

Comme j'étais bonne en sciences et en maths, j'ai fait des études d'ingénieur en informatique. Puis j'ai décidé de m'orienter vers un MBA. Après ces diplômes, on m'a dit qu'il était presque impossible de cumuler le diplôme de la London Business School et celui de HEC. Il n'en fallait pas plus à mon esprit de compétition pour m'inciter à me lancer : j'ai eu les deux diplômes.

J'ai commencé à travailler en banque d'affaires, où j'ai découvert les marchés financiers, ce monde réservé à une élite et pas du tout féminisé. Je me suis adaptée à une vie confortable : emploi salarié à Paris, puis à Bordeaux, postes à responsabilités.

En 2015, j'ai découvert la blockchain, le bitcoin, et très vite j'ai été complètement fascinée par ces innovations incroyables. J'étais convaincue que c'était le prochain Internet.

Le confort, très peu pour moi ! Cinq ans plus tard, j'ai sauté dans le grand bain. J'ai quitté mon entreprise et décidé d'utiliser ces nouveaux outils – parce que la tech, ce n'est que le moyen – pour tenter de résoudre le défi financier que j'avais identifié. En toute logique, j'ai très vite lancé Ejara au Cameroun.

Aujourd'hui, Ejara est présente dans neuf pays et nous avons, avec mes deux cofondateurs, implanté trois bureaux : un à Bordeaux pour l'Europe, un au Cameroun pour nos activités en Afrique centrale, et un à Abidjan, qui couvre l'Afrique de l'Ouest.

Dans mes équipes, plus de 50 % des développeurs sont des femmes. Il est primordial de mettre les femmes aux manettes, surtout dans la tech, qui en manque cruellement. Cela touche les utilisateurs bien plus qu'on ne le croit. À titre d'exemple, pendant longtemps, l'algorithme de Google traduisait *doctor* par « docteur » au masculin et *nurse* par « infirmière » au féminin. C'est inadmissible. Comment peut-on envisager de changer le monde si une moitié de l'humanité est sous-représentée ?

Mon autre fierté, c'est qu'aujourd'hui 40 % des utilisateurs d'Ejara sont des femmes. J'en veux encore plus. Je suis toujours surprise de leur méconnaissance des sujets financiers. Même en France, j'ai des amies bac + 7 qui ne savent pas comment placer leur argent. Je suis prête à leur donner des conseils, mais à une condition : qu'elles travaillent le sujet, même une heure par mois.

L'*empowerment** des femmes est l'un de mes combats. Et je l'applique à moi-même, car la bataille est loin d'être gagnée.

En occupant des postes à hautes responsabilités, quand je siégeais dans des conseils d'administration, j'ai été habituée au rejet. Mais il y a des « non » qui font plus mal que d'autres, qui sont empreints de manque de respect, de condescendance.

J'ai appris à me forger une armure. Je m'imagine que je suis une actrice de série Netflix et que j'entre en scène. Même si j'ai envie de pleurer, même si les piques que je reçois me transpercent le ventre, je montre toujours une image de femme forte, qui a confiance en elle. Et ça marche : je ne lâche rien !

Il fallu des années avant qu'un athlète ne coure le 100 mètres en moins de dix secondes. Le premier à avoir réussi cet exploit est Jim Hines en 1968. Puis, à la fin des années 1990, de nombreux coureurs ont fini par battre ce record. Voilà le genre d'idées qui me boostent. Ouvrir la voie, ne pas se laisser limiter par son mental.

cl

Eloa Guillotin

est ingénieure de formation. Elle a lancé Beyond Aero en 2022. Son ambition : rendre possible, viable et rentable le premier avion d'affaires électrique à propulsion hydrogène.

J'ai grandi dans un village en Bretagne, à proximité de Saint-Malo, où je passais le plus clair de mon temps à contempler les étoiles en rêvant de devenir astronaute. Vers l'âge de 12 ans, j'ai entrepris des recherches sur Internet pour savoir s'il existait des formations. Puis je me suis orientée naturellement vers le domaine de l'aéronautique, au sein de l'Institut supérieur de l'aéronautique et de l'espace (Isae-Supaéro), à Toulouse. C'est là que j'ai eu le plaisir de rencontrer l'un de mes futurs associés, Hugo Tarlé. Par la suite, j'ai intégré l'École polytechnique (l'« X »), où j'ai fait la connaissance de Valentin Chomel.

Aussi loin que je me souvienne, j'ai toujours nourri cette fibre entrepreneuriale.

La pandémie de la Covid-19 a marqué une période de réflexion profonde pour nous trois. À notre retour de l'université de Berkeley, aux États-Unis (où nous avions étudié un semestre dans le cadre de notre master à l'École polytechnique), tout semblait s'effondrer, nous laissant sans repères. Je suis revenue dans ma Bretagne natale, contrainte de repenser mes objectifs.

Je savais pertinemment que l'idée de décrocher un emploi à temps plein au sein d'une entreprise ne m'animait guère. J'avais en moi l'envie d'entreprendre. C'est ainsi qu'est née Beyond Aero.

Hugo, Valentin et moi-même sommes partis du constat suivant : les déplacements en jet privé, à bord d'appareils fonctionnant au kérosène et particulièrement polluants, ne sont plus compatibles avec l'urgence climatique. C'est à partir de cette réalité qu'avec mes deux associés nous avons tracé notre trajectoire. Nous sommes convaincus que l'ère de l'avion électrique est sur le point de s'imposer et qu'il est temps de remodeler le secteur pour répondre aux besoins de mobilité de notre société sans nuire aux générations futures. Il est essentiel d'anticiper l'avenir et de se fixer des objectifs ambitieux. Il ne s'agit plus de se demander si cela se réalisera, mais plutôt quand, de quelle manière, et avec quel type d'aéronef.

Notre équipe, aujourd'hui composée de 35 collaborateurs, se consacre au développement d'un premier modèle d'avion quatre à huit places capable de parcourir des distances allant jusqu'à 1500 kilomètres. Notre objectif est de concevoir un aéronef propulsé par des piles à combustible alimentées par de l'hydrogène.

À ce jour, nous avons déjà réussi à mobiliser 24 millions d'euros de financement et créé un prototype sur le point de prendre son envol.

Nous avons aussi beaucoup travaillé pour définir notre univers graphique, car nous développons quelque chose de nouveau. Nous avons opté pour l'utilisation du noir et du blanc : le noir symbolise la performance technique, l'innovation et la précision. Le blanc symbolise la pureté. Mais nous voulions trouver un équilibre entre ces deux extrêmes. Le bleu, particulièrement le bleu Klein, s'est imposé : il représente l'hydrogène, qui est l'élement central d'une des technologies les plus fines de notre siècle. Cette combinaison visuelle incarne notre engagement en faveur de l'innovation technique et d'un avenir durable.

Notre première cible est l'aviation d'affaires, responsable de l'émission de deux tonnes de CO_2 en moyenne par heure de vol. Cette approche séquentielle nous permet de viser une clientèle fortunée, susceptible de participer au financement de ce projet d'envergure. L'avantage des avions de notre catégorie est qu'ils bénéficient d'une certification plus rapide, nous permettant ainsi d'arriver plus vite sur le marché et d'être compétitifs.

L'esprit de compétition et le dépassement de soi sont pour moi une véritable philosophie de vie.

Depuis mon plus jeune âge, je suis passionnée par la gymnastique, l'athlétisme et la natation, tout en suivant une formation en classe « sport » qui m'exposait à diverses disciplines telles que la voile, l'équitation ou le handball.

Aujourd'hui, je continue à exercer plusieurs activités sportives, notamment la course à pied, le cyclisme et la natation. Cette diversité reflète ma vision du monde des affaires, où la polyvalence s'avère être, à mon sens, une qualité indispensable.

Je collabore également avec un coach mental, dont les clients étaient, à ses débuts, des athlètes plutôt que des entrepreneurs. Notre travail porte sur la gestion des pics de performance, l'accélération, les périodes de repos, ainsi que sur l'élaboration d'objectifs concrets à atteindre. Pour moi, le sport et l'entrepreneuriat sont des domaines étroitement liés. J'aime comparer mon parcours à celui d'un alpiniste. Pour gravir un sommet, il est primordial de se préparer minutieusement : la route à suivre (une voie directe mais ardue ou un chemin plus long mais moins abrupt), l'équipement, la décision de faire appel à un guide... tous ces éléments sont cruciaux, car chaque individu dispose de ses propres atouts. En résumé, la bonne démarche pour un entrepreneur ou une entrepreneure consiste à tirer des leçons de ses erreurs et à se réinventer en permanence.

Emmanuelle Roger

est ingénieure de formation. Elle a conjugué sa passion pour le sport et l'entrepreneuriat en cofondant Immersiv, une start-up qui crée des outils et des expériences en utilisant les technologies immersives, telles que la réalité augmentée.

Le sport, c'est ma passion depuis toujours, en particulier le football. Enfant, mon rêve était de devenir footballeuse professionnelle. À l'époque ce n'était pas commun. J'étais inspirée par Marinette Pichon, la première femme française footballeuse professionnelle à avoir décroché un contrat aux États-Unis. C'est l'une des raisons pour lesquelles j'ai étudié dans un lycée français, avec une option internationale, dans l'idée d'aller faire mes études supérieures en Amérique, là où les femmes pouvaient jouer pro dès l'université. Finalement, j'ai fait une classe préparatoire en maths, puis une double formation d'ingénieur et de design.

J'ai eu très tôt le désir d'entreprendre. Ce qui me stimule, c'est la création au sens large : inventer des expériences, imaginer de nouveaux services, répondre à de nouveaux besoins.

Avant de fonder Immersiv, je travaillais déjà dans l'industrie du sport, sur des applications mobiles pour de grands comptes comme la FIFA, l'UEFA ou Canal+. Quand sont arrivées les technologies immersives, j'ai compris que c'était la prochaine étape technologique importante, la manière dont on allait désormais « consommer » du contenu sportif. J'ai donc créé Immersiv en 2016, avec mon associé Stéphane Guérin, pour travailler sur ce que nous appelons l'« expérience fan », c'est-à-dire l'expérience du client au sens large. Notre positionnement est de vendre nos solutions, sans y apposer notre marque, aux détenteurs de droits sportifs (les ligues, les chaînes de télévision, les clubs sportifs) pour qu'ils les proposent à leur audience. Notre plus gros succès est l'expérience déployée pour la Coupe du monde avec la FIFA. Concrètement, je suis dans le stade, je prends mon téléphone, je le pointe vers le terrain et, en temps réel, j'ai accès à des informations et à des animations. Je peux connaître la vitesse d'un joueur, évaluer ses performances, comparer les statistiques par équipe. C'est un outil qui permet à l'utilisateur de mieux comprendre ce qui se passe, sans aucune latence, en temps réel. Pour les fans qui n'ont pas la chance d'être dans le stade, nous reproduisons le match sur un terrain virtuel avec la possibilité d'afficher des informations en temps réel.

Ce système a connu un immense succès viral sur les réseaux sociaux comme Tik Tok. Ce genre d'expérience séduit les jeunes générations. Nous avons travaillé pour le football, avec la Bundesliga, mais aussi pour d'autres sports comme le hockey sur glace avec la NHL aux États-Unis, le basket-ball, le football américain, la Formule 1. Notre chance est d'avoir visé un secteur que nous connaissions et d'avoir pu rapidement travailler avec de grands comptes, alors que nous étions encore une toute petite équipe. Le côté atypique d'Immersiv dans le monde des start-up, c'est que nous sommes autofinancés, nous n'avons pas fait de levée de fonds. Nous avons toujours été rentables et avons fait grandir l'équipe progressivement – nous sommes vingt-cinq aujourd'hui.

Notre leitmotiv, c'est l'excellence. C'est parce que nous sommes très pointus dans notre domaine d'expertise que nous décrochons ces contrats.

Quand nous nous sommes lancés dans Immersiv, le marché de la réalité augmentée commençait à peine. Aujourd'hui, Apple a sorti son casque Vision Pro, bientôt rejoint par Google et Samsung, ce qui va vraiment démocratiser l'objet et la réalité augmentée auprès du grand public.

Au croisement de la tech et du sport, je ne peux cependant que constater que les profils féminins sont très rares et que nous manquons cruellement de représentations féminines, alors que c'est un secteur qui gagnerait beaucoup à être féminisé.

Nous avons mis en place des processus, notamment dans le recrutement, afin d'avoir l'équipe la plus diverse possible. Nous travaillons avec l'association 50inTech qui se bat pour l'inclusion des femmes. Il existe des évolutions positives, notamment sur le marché nord-américain où, lors des conférences, on sent une nette volonté de donner plus de place aux femmes. Je pense que l'on va dans la bonne direction. Mais il est certain que ce marché doit se féminiser encore davantage pour mieux représenter celles et ceux qui aiment le sport.

Je pense qu'un parallèle peut clairement être établi entre la mentalité d'un sportif de haut niveau et celle d'un entrepreneur. L'entrepreneuriat, c'est un marathon infini. Il faut vraiment avoir une mentalité de sportif de haut niveau pour être entrepreneur. Cela demande de la résilience et de la motivation, mais surtout un goût pour la dynamique de la compétition et de la victoire, essentiel pour trouver des solutions, s'adapter et continuer à avancer !

LAURÉATE
DU PRIX **LES
MARGARET
JUNIOR**

LA RELÈVE

Allyah Semiai

15 ANS
EUROPE 2022

À seulement 15 ans, Allyah Semiai est à la tête de Mission, une application qui utilise la réalité virtuelle pour sensibiliser au harcèlement scolaire. L'objectif est de soutenir les victimes grâce à des témoignages de personnalités et à des contenus positifs qui les accompagnent au quotidien.

Comment êtes-vous arrivée dans la tech ?
J'ai fait mes premiers ateliers de robotique et programmation en CE1 à l'Exploradôme, le musée des sciences et du numérique de Vitry-sur-Seine. En sixième, j'ai découvert le monde des start-up au camp d'été de Station F à Paris, puis j'ai imaginé mon application, qui vise à développer l'empathie chez les collégiens et les lycéens.

Dans un monde idéal, à quoi serviraient les nouvelles technologies ?
Elles permettraient d'apporter des solutions pour l'avenir, en réunissant tout le monde : les hommes, les femmes, les gens différents.

GAGNER, OUI, MAIS ENSEMBLE

« Nathalie Collin

Anciennement directrice générale du groupe Le Nouvel Observateur et du groupe Virgin, ainsi que présidente de *Libération* et de EMI Music, Nathalie Collin est aujourd'hui directrice générale adjointe du groupe La Poste, chargée de la branche « Grand public et numérique ». Elle a été marraine de la JFD en 2020.

Les milieux dans lesquels vous avez évolué étaient-ils compétitifs ?

N. C. — Oui, toujours. La musique est un domaine très compétitif, car il faut réussir à produire les meilleurs artistes. Quant au milieu de la presse, il exige de se démarquer de l'offre existante. Et à La Poste, nous devons développer des activités sur des marchés qui sont extrêmement concurrentiels, tout en maintenant nos engagements sur des missions de service public. C'est un sacré défi, et, avec les équipes, nous voulons être les meilleurs pour réussir. Personnellement, j'ai toujours été en compétition avec moi-même, avec l'envie de toujours faire plus.

Quel est votre moteur ?

N. C. — Ce qui m'anime, c'est de rassembler des équipes autour d'un projet commun ambitieux. À La Poste, je suis heureuse de travailler avec 45 000 postières et postiers au quotidien, sur des sujets majeurs pour l'ensemble de la société. Mon ambition est d'avoir un impact sur la vie des gens, de leur donner les moyens et l'envie de se dépasser. Plus on est haut dans la hiérarchie, plus on doit être exigeant avec soi-même. Je ne veux pas décevoir les équipes. Je mets beaucoup d'engagement pour arriver à ce niveau d'exigence. Heureusement, j'ai la chance de travailler sur des missions qui correspondent à mes aspirations profondes.

Quelles sont les qualités pour réussir quand on est une femme ?

N. C. — Au fil de mes expériences, j'ai identifié trois qualités particulièrement utiles. Tout d'abord, il faut savoir jongler entre les différentes sphères de sa vie : quand on est une femme, on n'a pas de femme à la maison pour s'occuper de tout ! Réussir nécessite aussi une certaine force de caractère pour surmonter les obstacles qui se multiplient à mesure que l'on progresse dans la hiérarchie. Enfin, savoir s'adapter aux situations est essentiel, car les choses ne sont pas toujours bien faites pour les femmes.

05

Intuition

« Aujourd'hui, j'ai l'intuition qu'il ne faut pas rater le virage de l'intelligence artificielle. On entend dire que le monde des algorithmes inhibe toute part d'humanité. De mon point de vue, c'est totalement faux. »

Quand il y a le feu, on n'a pas le temps de tergiverser : il faut opter pour une stratégie sur le vif, puis l'adapter. Le psychologue américain Gary Klein a théorisé, dès les années 1990, l'« approche naturaliste de la décision » : en étudiant le travail de professionnels sur des terrains d'urgence (pompiers en opération, infirmiers et infirmières dans des services néonataux, etc.), il a analysé de quelle façon nos choix sont soumis à une part d'intuition et a identifié trois processus de prise de décision intuitive. Dans le processus de « simple correspondance », le choix s'inscrit dans une routine déjà établie ou lors de situations qui nous sont familières. Dans le deuxième processus, celui du « diagnostic de la situation », nos habitudes sont un peu plus chamboulées et nous sommes face à plusieurs possibilités ; le dilemme se résout alors en quelques équations mentales pour simuler divers cas de figure. Enfin, le processus d'« évaluation du cours de l'action » s'impose lorsque tous nos repères sont perturbés et que la décision repose en grande partie sur l'intuition. C'est ce troisième processus qui guide un sportif lorsqu'il s'apprête à jouer son coup décisif. C'est aussi ce qui nous guide sur le terrain de la tech et de l'entrepreneuriat.

> **Penser que l'on maîtrise tout à cent pour cent est un leurre. Personne ne dispose jamais des informations nécessaires pour tout anticiper. Tout est toujours en mouvement. C'est passionnant, mais cela peut aussi donner le vertige, sauf si l'on sait se fier à son intuition.**

L'une de mes meilleures intuitions a été de résilier mon bail professionnel au tout début de la pandémie de la Covid-19. J'ai baptisé ma société The Bureau, mais les événements du monde m'ont poussée, non sans une certaine ironie, à devoir rendre le mien. Je louais alors depuis plusieurs années un espace de trois cents mètres carrés, près de la place du Trocadéro, avec vue sur la tour Eiffel, où travaillaient mes équipes. J'y ai lancé le JFD Club, en 2016, sous le marrainage de Delphine Ernotte : nous organisions des événements de *networking* (réseautage d'affaires), des conférences, des sessions de mentorat, mais aussi des cours de yoga, un réseau social *in real life* (dans la vraie vie). L'idée était d'ouvrir un lieu à nous, pour nous permettre de tisser notre réseau toute l'année et pas uniquement lors de la journée du 8 mars. La crise de la Covid-19 a mis un coup d'arrêt à nos activités. Il n'était plus possible d'assumer le coût du bail. Cette décision a été un crève-cœur, mais je l'ai prise au bon moment, juste avant l'annonce du « grand confinement » du printemps 2020. Nous avons pu déménager à temps et généralisé le travail à distance pour maintenir les emplois.

En 2020, la cérémonie des Margaret de la JFD devait avoir lieu à l'Élysée. Nous venions en effet de bénéficier du « haut patronage du président de la République française », une distinction honorifique et un tremplin pour inscrire la JFD dans l'agenda de la vie publique française. Nous avons maintenu l'événement, mais l'avons réorganisé en urgence à distance, en raison de la crise de la Covid-19. Un grand nombre de ministres étaient à nos côtés pour cette cérémonie digitale. Une fois passée l'onde de choc du grand confinement, des clients ont sollicité The Bureau pour accompagner leur entreprise dans le lancement de leur plateforme de vente en ligne. Quand j'y repense aujourd'hui, quatre ans plus tard, je réalise à quel point nos sociétés se sont vite habituées à cette digitalisation.

Aujourd'hui, j'ai l'intuition qu'il ne faut pas rater le virage de l'intelligence artificielle. On entend dire que le monde des algorithmes inhibe toute part d'humanité. De mon point de vue, c'est totalement faux. J'ai déjà expliqué de quelle façon les algorithmes peuvent laisser transparaître nos travers humains – que ce soit le sexisme ou le racisme – car ils sont façonnés par l'homme. « La seconde vague de digitalisation, celle du hashtag #Intelligenceartificielle, est encore devant nous », a constaté Virginie Morgon, marraine de la JFD, dans son discours pour la cérémonie d'ouverture des Margaret en 2023. Avant d'ajouter : « Les femmes ont raté la première, je crois qu'elles seront au rendez-vous de celle-ci. » Faire plus de place aux femmes dans le digital, c'est aussi œuvrer à une intelligence artificielle plus féminine et probablement plus intuitive.

Dans ce chapitre, Lena Crolot, Fanny Moizant, Jessie Toulcanon, Xaviera Kowo et Céline Boudière nous invitent à faire confiance à notre intuition pour stimuler notre créativité.

Lena Crolot

est la PDG et la cofondatrice de Billiv, une start-up qui gère la dématérialisation des tickets de caisse. Elle a mis la défense de l'environnement au cœur de l'ADN de la société qu'elle a créée à l'âge de 20 ans.

J'ai toujours été passionnée par les problématiques business et technologie, et par les moyens de les résoudre avec un impact positif.

Je suis partie, très jeune, faire des études aux États-Unis, où j'ai obtenu un double diplôme en économie et informatique. En 2016, alors que j'étais dans un grand magasin, j'ai remarqué qu'une cliente recevait un ticket de caisse immense pour l'achat d'un petit porte-clés. À cette époque, je n'avais que 16 ans, j'étais en première et je n'avais pas encore la volonté de monter une start-up. Mais cette image m'est restée en tête, cela faisait partie des problématiques que j'avais envie de résoudre avec la technologie. C'est aux États-Unis, lorsque j'ai rencontré Ruben Raymond Kahloun, l'un de mes futurs associés, que nous avons commencé à réfléchir à Billiv.

À quoi sert Billiv ? À dématérialiser les tickets de caisse. L'idée, c'est de ne plus les imprimer, mais de ne pas les envoyer par mail non plus – c'est plus polluant que le papier, sans compter que cela nécessite un partage des données personnelles auquel les utilisateurs sont de plus en plus réticents. Pour ce faire, nous avons construit tout un écosystème qui permet de mettre en valeur la relation client, la fidélité, les avis, le marketing, etc. Bref, nous pouvons désormais programmer directement sur une plateforme, et sans envoyer de spams, toutes les communications autrefois réalisées par mail ou par courrier. Billiv est une solution très simple. Il n'y a rien à faire : pas d'application à télécharger, pas de compte à créer, pas de bouton. On scanne un QR code, et hop ! C'est complètement transparent. Le second défi était d'éviter que le stockage des serveurs ait un impact écologique pire que celui du papier. Nous avons donc choisi des serveurs éco-conçus qui utilisent 30 % d'énergie en moins.

L'intuition a été l'un des grands facteurs de notre réussite.

Quand nous avons monté la société, c'était un moment crucial en termes de temps de commercialisation : nous étions un an avant la promulgation de la loi qui a exigé la fin de l'impression systématique des tickets de caisse. Pour être prêts, nous avons dû plusieurs fois prendre des décisions en amont, mais nous nous sommes rendu compte que nous avions souvent eu la bonne intuition. Globalement, cela nous a plutôt réussi.

Nous ne sommes qu'aux débuts de Billiv. De nombreuses autres fonctions peuvent être intégrées dans l'application, comme les bons de commande par exemple.

L'idée est d'enrichir l'expérience tout en gardant notre objectif : avoir un impact positif.

Au moment de la création de Billiv, j'ai dû faire face au problème de la levée de fonds. En tant que jeune femme (j'avais 20 ans), j'ai essuyé beaucoup de remarques : « Mais vous n'y connaissez rien, ce n'est pas à cet âge-là qu'on monte une entreprise ! », etc. La meilleure façon de passer outre – merci l'intuition ! – a été de trouver des incubateurs qui pouvaient nous aider à gagner en légitimité, tels que La Ruche à Paris. À partir de ce moment-là, notre prétendu manque de légitimité n'a plus été un problème, bien au contraire.

Il est vrai que, dans la tech, il y a encore peu de femmes, et encore moins de jeunes. Je suis favorable aux équipes mixtes parce que c'est enrichissant de travailler avec des gens d'âges, d'expériences et d'origines différentes.

Il y a un écart immense de financement entre les sociétés lancées par des femmes et celles lancées par des hommes, mais des associations comme Sista, dont je me sens proche, s'occupent de défendre ces causes. Il y a énormément de progrès à faire et j'essaie le plus possible, même si je suis au tout début de ma carrière, d'encourager toutes les femmes, jeunes et moins jeunes, qui se posent des questions sur leur légitimité, à entreprendre, à y aller. Parce que l'on a besoin d'elles dans la tech, c'est certain !

Fanny Moizant

est la cofondatrice de Vestiaire Collective, une licorne* française devenue en une quinzaine d'années un acteur incontournable de la mode. Elle considère l'entrepreneuriat comme un marathon de longue durée.

Avant de cofonder Vestiaire Collective, j'étais cheffe de produit marketing. J'ai arrêté quand j'ai eu mes deux enfants, à dix-huit mois d'intervalle, et j'en ai profité pour étudier à l'Institut français de la mode, à Paris. J'avais très envie de reprendre le travail, mais je ne trouvais pas dans mon secteur un poste qui ait du sens et un impact. J'ai donc décidé de l'inventer, et j'en suis arrivée à créer Vestiaire Collective.

Intuitivement, j'ai identifié le fait que ma génération avait complètement changé ses habitudes de consommation par rapport à la génération de mes parents.

J'ai la chance d'avoir une mère qui aime les belles choses, très minimaliste et consciencieuse dans sa façon de consommer la mode. Je l'ai vue investir dans des pièces de qualité, les faire durer, grâce à sa connaissance des matières et des coupes, alors que ma génération est celle de la *fast fashion*. Mes amies avaient des placards qui explosaient, mais elles se plaignaient de ne rien avoir à se mettre et achetaient sans cesse de nouvelles pièces !

Il y a un vrai problème de consommation. Nous ne sommes plus du tout dans le qualitatif, mais dans le quantitatif : il faut avoir une nouvelle pièce tous les mois pour être cool sur les réseaux sociaux.

La statistique moyenne, c'est que l'on porte environ 30 % de son armoire. Ce gaspillage ne peut plus durer, c'est pourquoi j'ai travaillé autour de cette intuition. Et comme, avec deux bébés, je n'avais plus vraiment de temps pour moi, je gérais tout en ligne. Le digital est devenu mon outil quotidien.

C'est en 2009 qu'avec mes cinq associés nous avons fondé Vestiaire Collective, un savant mélange de tech et de mode. Le succès a été quasi immédiat. Nous avons changé le paradigme de la seconde main pour le faire évoluer vers celui de la mode haut de gamme et du luxe, en y insufflant notre inspiration, mais surtout en créant une communauté plutôt qu'un simple site transactionnel. Ma première intuition était la bonne !

Néanmoins, si les consommateurs nous ont tout de suite adoptés, il a été plus difficile d'intégrer l'écosystème de la mode.

Il a fallu plusieurs années avant que les marques ne comprennent que Vestiaire Collective était un modèle vertueux et complémentaire, pas une concurrence directe, et qu'elles avaient tout intérêt à composer avec nous. La seconde main n'est

pas une tendance qui va disparaître, mais une manière de consommer installée pour de bon.

Vestiaire Collective est aujourd'hui un acteur incontournable de la mode. Le groupe Kering est entré dans notre capital il y a quelques années ; nous avons lancé des partenariats de marques, avec Chloé, Gucci ou Burberry, mais aussi avec de nombreux autres acteurs auxquels nous proposons nos services et notre technologie pour traiter leur offre de seconde main.

Ensuite, très vite, comme la croissance se faisait aussi en dehors de la France, les commandes sont arrivées d'Angleterre, de Belgique... Nous avons très vite compris qu'il fallait s'internationaliser. En 2013, je suis partie à Londres pour expliquer l'ADN de la marque aux équipes locales ; puis à Hong Kong pour développer le marché asiatique. Aujourd'hui, je vis entre Londres et Paris, avec en ligne de mire, peut-être, une nouvelle destination ou une autre mission.

> Je n'ai jamais envisagé ma vie d'entrepreneure comme un sprint, mais comme un marathon. Il faut tenir sur la durée : quinze ans de Vestiaire Collective, c'est une course sur le long terme !

J'ai besoin d'une qualité de vie proche d'une routine d'athlète. Parce que les entrepreneurs ont des vies très intenses, il me faut sept à huit heures de sommeil, une alimentation ultra-saine, et, quand c'est possible, je prends quelques heures par semaine pour faire du sport. C'est vraiment la base : sans cela, je n'aurais jamais pu accumuler quinze ans d'entrepreneuriat intensif ! Parce que, au-delà du quotidien, il y a les voyages, la pression, le stress, etc. C'est, j'en suis certaine, ce qui nous a permis de nous imposer comme des innovateurs.

cl

Jessie Toulcanon

a travaillé pour les groupes Dubreuil, Heroiks ou Kookaï. En 2019, elle a créé Pickme, une start-up qui offre à chacun la possibilité de recevoir et stocker les colis de ses voisins, tout en révolutionnant la livraison et en la rendant plus vertueuse.

Mon goût pour la tech est apparu vers 2010, aux alentours de mes 25 ans, lorsque j'ai commencé à faire du marketing digital. C'était un peu l'apogée de la Silicon Valley, c'était très excitant, c'était l'avenir, et en même temps j'avais l'intuition qu'il ne fallait pas simplement vendre quelque chose mais aussi rendre service à l'humain. D'un coup je découvrais un univers où l'on changeait le monde ! Je ne me sentais pas vraiment faite pour l'entrepreneuriat, qui m'effrayait.

Il n'y avait pas d'entrepreneur dans ma famille et j'étais plutôt destinée à une carrière de cadre supérieure. Dans toutes les structures où j'ai travaillé, j'ai toujours eu un rôle de bras droit du PDG, d'intrapreneure, et je ne ressentais pas nécessairement le besoin d'entreprendre.

Puis j'ai ressenti une réelle frustration dans des grands groupes où je n'étais pas alignée à cent pour cent avec les valeurs qui me sont chères. D'autant que j'œuvrais beaucoup en parallèle dans le caritatif, que ce soit auprès des femmes, des SDF ou des migrants.

C'est là que Pickme a donné du sens à mon ambition, en répondant à mon intérêt pour la tech et pour l'humain.

Je commandais beaucoup sur Internet et un échec de livraison à mon domicile durant mon absence m'a donné une idée : pourquoi ne pas créer un service moins aléatoire et fondé sur l'humain pour la livraison ? Un BlaBlaCar du colis ? Il y a à la fois des gens prêts à ouvrir leur porte, heureux de rendre service, qui ont de l'espace chez eux, et de l'autre côté des personnes qui ont besoin d'eux : comment les fait-on se rencontrer ? Grâce à la tech ! J'ai très vite testé le projet en start-up week-end*, parce que j'étais convaincue que cela devait exister et que j'étais la meilleure personne pour le faire. Il n'y avait pas cet enjeu symbolique de l'entrepreneuriat, juste la forte intuition que ce service résolvait un problème majeur.

Le problème que l'on rencontre le plus souvent avec le e-commerce, c'est que la livraison est perçue comme un centre de coût et non comme une partie de l'expérience globale.

Nous passons beaucoup de temps à penser les produits, le site Internet, l'image, mais concernant le dernier maillon il y a encore beaucoup de chemin à parcourir ! Quand on est déçu d'une livraison, on n'en veut pas au transporteur mais à la marque. Il existe des problématiques de fond dans le transport, comme le stockage en zone urbaine ou les retours de colis, auxquelles la communauté Pickme apporte quelques réponses. Nos 150 000 voisins-relais sont de très bons maillons de la chaîne, pour éviter les allers-retours en cas d'échec de livraison et pour assurer des livraisons de proximité, et ainsi réduire l'impact écologique important du transport.

Notre plateforme collaborative permet de réconcilier efficacité logistique et impact environnemental et social.

Grâce à Pickme, des milliers de personnes peuvent compléter leurs revenus, faire des cadeaux à Noël, notamment en cette période d'inflation. Mais la première motivation de notre communauté reste de rendre service. Nous recevons chaque jour des messages de remerciement et, le matin, quand nous nous regardons dans le miroir, nous sommes fiers et pleinement alignés ! L'équité, l'entraide et le collectif sont des valeurs très ancrées en moi. Je viens d'un milieu social assez défavorisé et servir l'humain a toujours été un moteur.

Chez Pickme, on se réunit autour de trois passions : l'humain, les bons repas et le sport. Je pratique moi-même le surf, le yoga et la boxe. La base de Pickme c'est l'intuition, et son succès c'est le collectif.

Depuis le début de l'aventure, à la fois dans nos recrutements et nos valeurs, il y a l'idée de jouer en équipe. Nous n'avons pas du tout un management pyramidal, nous sommes tous au même niveau : il y a un capitaine et des joueurs, peu importe que l'on soit stagiaire, junior ou senior. Quand je regarde en arrière, que je fais le bilan de mes emplois précédents, je me rends compte que je me sentais limitée dans ce que je pouvais mettre en place, dans ce que je pouvais proposer, et j'avais, comme beaucoup, le syndrome de l'imposteur. J'ai trouvé cette liberté – très puissante dans la tech – de pouvoir entreprendre de la manière la plus juste pour soi et les autres. C'est aussi pourquoi j'aime le surf : c'est sur une planche où je me sens la plus libre ; la mer est un élément où tout le monde est sur un pied d'égalité. Depuis toute petite, je chéris la notion de liberté et j'ai enfin trouvé un terrain de jeu pour l'exprimer !

LAURÉATE
DU PRIX **LES MARGARET JUNIOR**

LA RELÈVE

Xaviera Kowo

21 ANS
AFRIQUE 2021

Son robot écologique permet de récolter et de traiter les déchets en un temps record. L'automate, équipé de roulettes, ramasse les ordures sur son passage pour les déposer dans des bacs et des centres de recyclage.

Comment vous êtes-vous intéressée à la tech ?
J'ai eu la chance que mon collège soit centré sur les filières STIM (science, technologie, ingénierie, mathématiques).

Quel est votre regard sur les femmes dans la tech ?
Je suis convaincue que certains problèmes n'ont pas encore été résolus parce que leur solution réside dans une vision plus féminine de la technologie. Avec le leadership féminin, la technologie aurait davantage de pertinence et d'éthique.

Qu'aimeriez-vous faire dans dix ans ?
Créer un impact ! J'aimerais avoir mené à bien l'un de mes projets pour restaurer durablement notre planète.

L'INTUITION AVEC UN GRAND IA

“ Céline Boudière

est directrice marketing et digital de Meetic Europe.

L'intuition, qu'est-ce que cela vous évoque ?

C. B. — En 2010, sur 93 prix Nobel de sciences interrogés sur les facteurs clés de leur succès, 82 ont mentionné l'intuition. Ce chiffre ne me surprend pas : l'intuition nous rend créatifs. Dans mon métier, j'utilise cet outil au quotidien, car le marketing repose à la fois sur des données tangibles et rationnelles, et sur d'autres, plus subjectives, comme l'innovation ou la créativité.

Concrètement, comment vous est-elle utile ?

C. B. — Aujourd'hui, dans le digital, on constate une surabondance de données dans laquelle il est facile de s'égarer. Mais dans une entreprise comme Meetic fondée avant tout sur l'humain, les chiffres ne peuvent pas être seuls à guider nos choix. L'intuition est pour moi un outil précieux que j'utilise systématiquement pour éclairer mes décisions dans trois domaines :

- pour recruter mes équipes, trouver des profils complémentaires, alignés avec les valeurs de Meetic ;
- pour repérer de nouvelles tendances de marché : on ne peut pas se permettre de les suivre toutes et l'intuition permet de faire le tri ;
- pour étonner, disrupter, faire bouger les lignes : en marketing, il faut savoir prendre des risques.

Pour vous, l'intuition est-elle liée à la confiance en soi ?

C. B. — Absolument ! L'intuition nécessite de se faire confiance, d'être capable d'écouter sa petite voix. Quand il s'agit de sentiments amoureux, on s'y fie plus naturellement car elle fait partie de l'alchimie de la rencontre. La sagesse, c'est de l'écouter un peu chaque jour, sans être aveuglé.

06

Se dépasser

« Partager ses erreurs,
c'est les mettre à disposition
de l'intelligence collective.
C'est enseigner aux autres
comment ne pas tomber
dans les mêmes écueils. »

Entreprendre, c'est souvent échouer, essuyer des refus, ne pas atteindre ses objectifs, parfois même mettre la clé sous la porte. Il faut encaisser les coups, comme le souligne très justement Sarah Ourahmoune dans la préface de ce livre. Dans ma précédente vie, alors que je travaillais à Londres pour une multinationale de la tech, nous avions des rendez-vous en visioconférence avec les autres pays tous les lundis, pour faire le point sur nos échecs et nos projets avortés, sous les applaudissements du reste des participants. Il pouvait être question de campagnes marketing ratées ou de ventes décevantes d'un nouveau produit. Quoi qu'il en soit, ce retour d'expériences bénéficiait à tous. Partager ses erreurs, c'est les mettre à disposition de l'intelligence collective. C'est enseigner aux autres comment ne pas tomber dans les mêmes écueils.

Kaja Kallas, Première ministre d'Estonie, a questionné notre rapport à la peur, à l'échec et au doute sur la scène des Folies Bergère qui accueillait la JFD le 10 mars 2016. « Que ferions-nous si nous n'avions pas peur ? » interrogeait cette députée européenne – elle n'était pas encore Première ministre de l'Estonie. « Se poser cette question est déjà une bonne chose pour identifier ses peurs et les surmonter », observait-elle. « Souvent, nous ne voyons pas les opportunités derrière les problèmes », a-t-elle souligné en citant l'exemple de Skype, qui a développé neuf projets avant de trouver le bon. Kaja Kallas a aussi évoqué la Finlande, la patrie de Nokia, qui célèbre tous les 13 octobre l'*Epäonnistumisen Päivä* : pour dédramatiser la défaite, cette journée nationale de l'échec incite à en finir avec le culte de la perfection.

> **Nous aussi, en France, nous aurions intérêt à célébrer cette journée, car le tabou de l'échec a un effet contre-productif.**

Côté coulisses, la JFD accompagne les entrepreneures et intrapreneures qui traversent des épreuves. Ces moments plus intimes, qui prennent parfois la forme de déjeuners en petit comité, sont essentiels pour se donner la force de rebondir. L'échec fait partie de toute carrière.

Dans ce chapitre, Zineb Agoumi, Maryne Cotty-Eslous, Hakima Berdouz, Mélissa Djouka-Fongang et Karine Schrenzel nous enseignent, chacune à leur façon, l'art de se dépasser avec panache.

Zineb Agoumi

est la cofondatrice et la directrice générale d'Ezygain, une entreprise qui crée du matériel de rééducation connecté pour les personnes à mobilité réduite. Elle veut remettre le monde en mouvement.

J'ai grandi au Maroc, puis je suis venue en France suivre un double diplôme, à l'ESSEC et à Centrale Paris. À la même période, ma grand-mère commençait à avoir des difficultés à marcher et il était impossible de trouver du personnel et des équipements pour l'aider à se déplacer. J'ai cherché quel était le matériel disponible sur le marché et, pendant deux mois, je n'ai fait que visiter des centres de rééducation, des maisons de retraite, des associations d'aide à domicile. Il y avait le choix entre des machines très imposantes réservées à d'importants établissements en raison de leur prix élevé, et le strict minimum, c'est-à-dire des barres parallèles ou de la trottinothérapie[1]. C'est ainsi que l'idée d'Ezygain a germé, dans le but d'aider les gens à marcher grâce à des technologies adaptables et simples à utiliser, combinant des outils hardware et software, c'est-à-dire proposant à la fois un accès à du matériel et l'utilisation de logiciels.

Une autre étape décisive a été ma rencontre avec le médecin-chef d'un centre de rééducation à Bobigny, Thierry Albert, qui se demandait comment aider ses patients (post-AVC, blessés médullaires, malades atteints de maladies neurodégénératives) à continuer à s'entraîner à marcher chez eux, une fois sortis de l'établissement. Nous avons créé Ezygain en 2016 et lancé une levée de fonds en 2019, avec l'idée d'un produit adapté à tout le monde, peu encombrant et simple à utiliser, que ce soit à la maison ou dans un centre de soins.

Dans mon élan d'entreprendre, je pense avoir fait preuve d'une grande naïveté, d'une naïveté positive.

Je contactais beaucoup de gens, notamment des entrepreneurs, pour comprendre comment ils avaient procédé. Quitte à prendre une douche froide : « Zineb, si tu n'as pas une dizaine de millions d'euros et au moins quarante ingénieurs avec toi, honnêtement, ce n'est pas la peine ! » m'a dit l'un d'eux. Cela ne m'a pas découragée pour autant, et petit à petit le projet a pris forme. Je ne dirais pas que cela a été compliqué, ce n'est pas forcément le bon terme, mais quand on se lance dans un projet incluant du matériel et de la technologie – en particulier dans l'univers de la santé –, il faut savoir que cela va prendre du temps. Pour le premier business plan que j'avais mis en place, je nous donnais six mois pour arriver au produit final. En réalité, à cause de lenteurs administratives et techniques, il nous a fallu deux ans et demi pour arriver à un dispositif commercialisable, en l'occurrence le tapis Ema (un dispositif médical de rééducation et de réadaptation à la marche), qui équipe aujourd'hui plus de 400 établissements. Il a d'abord

1. Marche accompagnée.

fallu que l'on comprenne pourquoi certains produits, en apparence très élaborés, ne fonctionnaient pas et pourquoi les patients s'en lassaient.

> Oui, monter une entreprise est difficile, mais tout est difficile dans la vie.

Il faut dépasser ses craintes et les premiers obstacles pour arriver à ses fins sans se ruiner la santé pour autant. J'aimerais faire passer ce message, parce que l'on présente souvent les entrepreneurs comme des gens qui n'ont pas de vie et qui se tuent au travail. J'ai envie de véhiculer une autre image et de rappeler que la réussite entrepreneuriale passe par une vie équilibrée dont le sport fait clairement partie ; que c'est un marathon, et que l'on ne monte pas une entreprise en claquant des doigts et en se disant : « Pendant deux ans je n'aurai pas de vie et ensuite on verra. » Non ! C'est un ensemble de valeurs et de pratiques qui soudent une équipe, lui permettent d'avancer et de concrétiser un projet comme Ezygain. C'est l'envie de se dépasser tout en travaillant son endurance et de se déployer dans d'autres domaines.

À l'origine, Ezygain a été créée pour aider les gens à marcher. Aujourd'hui, l'entreprise a élaboré un écosystème de produits connectés autour d'une application logicielle qui s'adresse aussi bien à des professionnels (hôpitaux, Ehpad, centres de rééducation) qu'à des particuliers à domicile. Nous commençons à exporter en Europe, en Asie et en Afrique, et songeons fortement à l'Amérique du Nord.

> La raison d'être d'Ezygain, c'est d'apporter au patient un plateau technique de rééducation avec le matériel adapté, en plus d'un logiciel qui les accompagne et les oriente à distance dans leurs exercices.

Nous les aidons et les encourageons à se dépasser ! Ezygain, c'est d'abord comprendre les utilisateurs, leurs problèmes, et se mettre à leur place. C'est l'innovation et la technologie au service de l'humain.

Maryne Cotty-Eslous

est la créatrice de Lucine, un médicament numérique qui permet de lutter contre les douleurs chroniques.

Le point de départ de Lucine est avant tout intime. Pendant longtemps, j'ai eu monstrueusement mal, au point de devoir prendre plusieurs milligrammes de morphine par jour pour réussir à tenir. J'ai tâtonné durant des années, d'errance médicale en errance médicale, avant de découvrir que j'étais atteinte d'une endométriose et d'un syndrome d'Ehlers-Danlos : c'est une maladie génétique rare qui modifie le collagène présent dans les organes, les articulations, les os… J'ai heureusement découvert que je n'étais pas atteinte de sa forme mortelle. En revanche, ma pathologie est la plus douloureuse.

J'ai 24 ans le jour où le médecin m'annonce que cette maladie est incurable, que je vais devoir porter des vêtements compressifs toute ma vie et me faire injecter de la lidocaïne tous les deux mois dans les muscles.

Cette annonce est à la fois un soulagement et un choc : un soulagement, parce que j'ai enfin un diagnostic ; et un choc, parce que je prends conscience que la douleur va faire partie de mon quotidien pour toujours.

Pourtant je refuse de croire qu'au XXIe siècle on ne sache toujours pas soigner la douleur alors que l'on sait guérir certains cancers ou faire des thérapies ciblées. À cette époque, j'étudie les neurosciences à la fac et je me mets à lire beaucoup d'études internationales sur la douleur. J'apprends que pour calmer les cobayes soumis à une IRM – une expérience très inconfortable – on fait appel à des images et à des sons. Cette découverte est une révélation. Je commence à réfléchir à une formule qui utiliserait ces sons et ces images comme un médicament et passe trois ans à récolter toutes les données utilisées en laboratoire. C'est ainsi que naît le projet Lucine.

Je crée rapidement une première formule sur les douleurs périnéales liées à l'endométriose. Quand j'observe que les premiers résultats sont bons, je quitte la fac et structure l'entreprise. J'ai 27 ans. La même année, j'organise au culot (et au débotté) un gala de charité qui me permet de récolter 25 000 euros. Entre 2017 et 2020, Lucine comptabilise 2 millions d'euros de chiffre d'affaires. En moins d'un an, le nombre de collaborateurs est multiplié par trois, je dois recruter trente-cinq personnes. Tout s'emballe. Trop vite.

Deux choses vont me faire couler. D'abord, un burn-out me met sur les genoux, même si personne ne s'en rend compte. Heureusement, je suis portée par un psy et un mentor extraordinaire. Et là, impossible de m'arrêter, je n'ai pas le choix : tout repose sur mes épaules. Mon ego prend le dessus. Alors que je l'avais toujours refusé, je me mets à lever des fonds, sans même avoir finalisé mon produit ni trouvé mon marché. Pendant deux ans, je tiens la barre coûte que coûte, dans cette ambiance compliquée. La passion, l'enthousiasme ont disparu... Mais quand, en 2022, la crise arrive, les investisseurs coupent les vivres. Pourtant, en deux ans, nous avons réussi à faire deux études cliniques, obtenu les meilleurs résultats mondiaux sur notre technologie et avons même gagné des concours, dont le prix Les Margaret en 2023. Mais je dois liquider Lucine.

La surprise, c'est que cette année de redressement et de liquidation est la meilleure année de ma vie.

D'abord, je me fais – enfin – accompagner dans cette période très dure. Je suis entourée d'avocats et d'administrateurs judiciaires qui me font grandir. Très vite, je comprends que je suis la seule responsable de cet échec. Ne pas me victimiser mais regarder mes erreurs dans les yeux m'ouvre l'esprit. Je peux mener mon licenciement économique efficacement et humainement, et j'en suis fière. Ensuite, je trouve le meilleur repreneur possible pour Lucine. Aujourd'hui, j'utilise toujours mon produit sous forme de casque de réalité virtuelle à des fins personnelles et je n'ai pas pris d'antidouleurs depuis cinq ans. Je suis en train de monter trois nouvelles entreprises : une en neurotechnologie, une dans les médias, et la dernière dans le consulting. Je n'ai plus besoin de combler mes failles. Je n'ai pas de colère, ni de rancœur, et surtout je me sens apaisée par la façon dont j'ai géré la fin de Lucine.

Je retrouve enfin la liberté de faire ce que je veux comme je le veux.

Je m'apprête à m'installer à Dubaï pour y vivre une partie de l'année, entourée de gens merveilleux. Après dix ans d'expérience d'entrepreneure, je me sens forte. Mon plus beau cadeau, c'est de m'être écoutée et d'avoir vaincu mes peurs. Et c'est extraordinaire.

Hakima Berdouz

est la fondatrice de Hope Valley AI, une solution d'intelligence artificielle de confiance, cybersécurisée, qui facilite la détection précoce du cancer du sein chez les femmes. Elle a remporté le prix Les Margaret, catégorie « Intrapreneure Europe », en 2023.

J'ai toujours voulu être la première, peut-être parce que je suis l'aînée de quatre filles ! Je suis née à Rabat dans les années 1970. À l'époque, quand on n'avait que des filles, l'entourage avait tendance à dire : « Quel dommage ! » Mais ma famille était moderne et mon père m'a élevée en me disant que j'étais la plus forte. Mes parents travaillaient dans le milieu médical et souhaitaient que je fasse médecine.

Moi, j'étais obnubilée par la NASA parce que je voulais être astronaute.

J'ai étudié les maths, puis je suis partie en France suivre un cursus pour devenir ingénieure nucléaire. Après mon diplôme, j'ai rencontré celui qui deviendrait mon mari et nous sommes retournés au Maroc. J'ai accouché de ma première fille, mais je dois bien avouer que je m'ennuyais.

L'an 2000 arrivait et cette date agissait sur moi comme un catalyseur : il me fallait un défi.

J'ai décidé de retourner en France, ma fille sous le bras – mon mari nous a rejoints par la suite – pour passer le concours de l'ENA... que j'ai eu ! Mais une fois de plus, la déconvenue. Haut fonctionnaire, c'est passionnant, mais pas pour moi. Quelque temps auparavant, j'avais participé à un grand rallye et adoré l'expérience. Quand mes sponsors (Afriquia, AKWA Group et Les Eaux minérales d'Oulmès), m'ont confessé vouloir créer leur propre rallye, j'ai sauté sur l'occasion et me suis retrouvée organisatrice de rallye ! La logistique était énorme, j'ai dû monter une société en urgence.

Voilà comment, sans le savoir, j'ai découvert que j'étais une entrepreneure.

Je suis allée voir les grandes écoles françaises, les équipes techniques du Paris-Dakar, et c'est ainsi que j'ai monté le Rallye des grandes écoles puis le Women Express. Pendant cinq ans, j'ai adoré découvrir cette facette de moi qui m'était inconnue : ma capacité à convaincre et à construire de grands projets.

De nouveau, j'ai pris du recul. Après un deuxième, puis un troisième enfant, je suis allée travailler comme ingénieure-chercheure au Commissariat à l'énergie atomique et aux énergies alternatives (CEA). En 2013, je déposais mon premier brevet sur la détection des signaux faibles. En 2023, j'en avais déposé six, dont quatre approuvés et accordés à l'international, notamment en Europe, aux États-Unis et au Canada. Entreprendre me démangeait toujours.

À cette époque, je commençais à recevoir des courriers de l'Assurance maladie m'enjoignant de faire des mammographies. À 50 ans, j'étais passée dans la zone orange des personnes à risque ! Mais en tant qu'experte de la modélisation du risque, je savais bien qu'il n'y a jamais un seul facteur ; et il est prouvé que plus de 20 % des femmes qui développent un cancer du sein au cours de leur vie ont moins de 50 ans. Où était la logique ? Et puis il y avait l'épineux sujet de la mammographie. Toutes les femmes qui en ont fait savent de quoi je parle. C'est un examen froid, douloureux. L'expérience est désagréable, et quand elle est terminée on nous dit : « C'est bon, revenez dans deux ans. » Que faire durant ces deux ans pour se rassurer ? De l'autopalpation ? Des études ont démontré que cette méthode ne permet pas d'augmenter les taux de survie au cancer.

Rien d'autre n'était prévu pour détecter les cancers dits « d'intervalle », plus agressifs, qui se développent entre deux mammographies et concernent jusqu'à 30 % des cancers du sein.

Cette prise de conscience a été le déclic pour fonder Hope Valley AI, une solution qui permet de faire des *self-checks* (autotests) réguliers sur smartphone, avec un dispositif médical 4D à ultrasons ultra-rapides, depuis son domicile. L'enjeu est de détecter de manière précoce les signaux faibles et précurseurs à l'incubation des cancers du sein de demain. Aujourd'hui, 40 % des cancers sont détectés à un stade avancé, et pourtant on sait bien qu'ils n'apparaissent pas du jour au lendemain !

Notre clinique numérique sur smartphone s'appuie sur deux étapes. D'abord, avec un médecin partenaire, les femmes font un bilan de prévention qui permet de prédire leur exposition au risque à cinq ans. Il comprend une mammographie, un test salivaire et un questionnaire médical. Ensuite, si le risque est augmenté, Hope Valley AI propose à ses patientes un parcours personnalisé de télésurveillance médicale, avec un nombre de *self-checks* à faire durant l'année. L'IA intégrée au smartphone, couplée au dispositif médical 4D à ultrasons ultra-rapides, permet ainsi de détecter des changements suspects, indétectables à l'œil nu. Nous marchons main dans la main avec les médecins. En cas de risque, nous envoyons toujours les patientes vers le corps médical.

Dès 2024, des femmes vont enfin pouvoir tester le produit en partenariat avec le centre d'investigation clinique du CHU de Tours.

Mon objectif aujourd'hui, c'est de toucher le plus de femmes possible, le plus vite possible. Nous sommes en train de nous implanter en Amérique du Nord – j'ai reçu grâce au prix Les Margaret une formation transatlantique –, mais je compte bien proposer notre service au monde entier.

LAURÉATE
DU PRIX **LES
MARGARET
JUNIOR**

LA RELÈVE

Mélissa Djouka-Fongang

18 ANS
AFRIQUE 2023

Son projet Immo'Sur est une application de vente et de location immobilière en ligne. Sa plateforme en relation avec le cadastre permet aux personnes résidant à l'intérieur comme à l'extérieur du Cameroun d'acheter un terrain ou une maison en toute sécurité.

Comment êtes-vous arrivée à la tech ?
C'est ma passion ! Après mon baccalauréat, je suis entrée à l'IUT Fotso-Victor de Bandjoun, option informatique.

À quoi sert la tech finalement ?
Tout comme l'art, elle stimule la créativité. Elle sert aussi à soigner, nourrir, aider, éduquer, apporter de la joie, sauver des vies… Nous devons l'utiliser avec éthique pour construire le monde positivement.

SE DÉPASSER POUR S'ACCOMPLIR

« Karine Schrenzel

Cofondatrice de Shopinvest et repreneuse des 3 Suisses et de Rue du Commerce, Karine Schrenzel est une figure incontournable de la tech.

Une des clés de la réussite dans l'entrepreneuriat, c'est le dépassement de soi. Qu'est-ce que cela signifie pour vous ?

K. S. — Se dépasser, c'est un savoir-être quotidien, un état perpétuel. Dans l'idée du dépassement, ce n'est pas l'effort qui est important, mais la volonté de se réinventer, de réfléchir sans cesse, de reprendre chaque jour une page blanche et définir comment évoluer, comment faire mieux. Parce que l'environnement économique et technologique, surtout dans nos métiers, évolue très vite : en un an, la vitesse d'adoption de l'intelligence artificielle a été phénoménale. Nous en avons profité pour nous transformer complètement, afin de conserver un coup d'avance.

À quels moments avez-vous dû vous dépasser dans votre carrière professionnelle ?

K. S. — Ma vie professionnelle a été une suite de dépassements de soi ! Quand j'ai racheté les 3 Suisses, j'ai eu l'intuition qu'il fallait produire en France alors que tout le monde me le déconseillait. J'ai pris mon bâton de pèlerin et fait le tour des fabricants français, sans y connaître grand-chose. C'est un grand moment de dépassement de se dire : « C'est peut-être compliqué, mais c'est possible ! » Il y a aussi eu le moment de la reprise de Rue du Commerce, recentrée sur l'informatique, la technologie et le gaming*.

Pourquoi se dépasser ?

K. S. — C'est un exploit au quotidien de ne jamais stagner, découvrir de nouveaux univers et se dire que tout est réalisable ! Il faut, pour cela, avoir confiance en soi (je l'ai appris avec le temps). Il faut aussi aimer le risque, comme dans le sport. Peu de sportifs n'ont jamais perdu un tournoi, un événement ou un match. Tout le monde le dit, c'est important d'avoir échoué. En revanche, il est tout aussi important d'en tirer des leçons et d'évoluer pour gagner.

07

Mental

« Les affaires, c'est un bras de fer perpétuel pour rappeler à l'autre que l'on se positionne à égalité. »

La première impression est cruciale, ai-je appris sur les bancs de la Global Sales School d'IBM. Maîtriser l'image qui émane de soi fait partie du travail. Le regard doit être franc ; l'air, avenant et assuré ; et il ne faut jamais arriver en retard pour ne pas peser sur le temps des autres. Un contrat se négocie avec la direction, mais la partie ne se joue pas sans les collaborateurs. Pour négocier, il faut procéder par étape, exactement comme une athlète lancée sur une piste de course. Les obstacles se franchissent les uns après les autres.

> **Avoir un mental d'acier, être exigeante et rester profondément humaine, voilà la combinaison idéale pour encourager celles et ceux qui nous entourent à se surpasser. Je ne crois pas au mythe selon lequel les femmes savent faire dix choses à la fois. Pas dans le monde des affaires.**

Pour rester focus, le mental doit être d'acier, encore plus lorsque l'on est une femme. Combien de fois ai-je senti que l'on souhaitait me renvoyer à ma « place » de femme ? J'ai trop souvent été contrainte de couper court aux relents sexistes. Sans même parler d'argent, certaines petites phrases en disent long : « Où est votre patron ? » m'a asséné un jour un dirigeant d'entreprise qui n'en croyait pas ses yeux d'avoir affaire au deuxième sexe. Quand je lui ai signifié qu'il était bien face à la patronne, un sourire narquois s'est dessiné sur son visage. Tant pis pour lui s'il n'a pas su réprimer ce relent misogyne : j'ai tourné les talons ! Les affaires, c'est un bras de fer perpétuel pour rappeler à l'autre que l'on se positionne à égalité. J'en ai encore eu récemment la preuve lorsqu'un autre homme m'a assuré qu'il allait « gratter les fonds de tiroir » de sa trésorerie pour utiliser mes services. Je suis persuadée qu'il n'aurait jamais osé proposer une négociation aussi grossière à un homme. C'est tellement irrespectueux. « Pas la peine de fouiller, ai-je répondu du tac au tac. Je ne suis pas la bonne personne pour un travail de fond de tiroir. » Il vaut mieux réserver son énergie pour les projets qui sont à la hauteur. Cette leçon, je ne l'ai pas apprise à la Global Sales School, ce sont les années d'expérience qui me l'ont enseignée. « Ne soyons pas esclaves d'un environnement anxiogène : les financements sont là, les mouvements de fond sont là », nous rassurait Virginie Morgon.

Je caresse l'espoir un peu fou que toutes ces mentalités archaïques disparaîtront d'ici quelques années. L'avènement de l'intelligence artificielle ouvre une fenêtre de tir : une grande partie des décisions, y compris sur le terrain des affaires, sera déléguée à des algorithmes. Il sera possible de leur confier la prise de décision sur l'allocation de budgets d'investissement. Ces programmes informatiques pourront calculer la prise de risque, les retours sur investissement espérés, mais aussi le bien-fondé et la portée éthique pour les populations concernées par le projet. Voici une formidable manière d'alléger la charge mentale qui pèse sur nos épaules d'entrepreneures et d'entrepreneurs ! La promesse est alléchante. Pour l'instant, les femmes programmatrices sont minoritaires. C'est un comble lorsque l'on sait que le premier programmateur informatique était une programmatrice, la Britannique Ada Lovelace, inventrice du codage informatique au XIXe siècle ! Aujourd'hui, selon l'Unesco, les femmes ne représentent que 12 % des chercheurs en intelligence artificielle à l'échelle mondiale, et 6 % des développeurs de logiciels professionnels sont des femmes. « Il est urgent de rééquilibrer la situation des femmes dans l'IA pour éviter les analyses biaisées et construire des technologies qui prennent en compte les attentes et les besoins de l'ensemble de l'humanité[1] », a déjà alerté Audrey Azoulay, directrice générale de l'Unesco. Les femmes sont une minorité dans les secteurs de pouvoir, mais elles forment 52 % de l'humanité. Nous sommes donc une majorité. Faisons en sorte que l'avenir ne devienne pas l'une de ces terrifiantes dystopies qui hantent le territoire de la fiction.

---

1. Audrey Azoulay, « Intelligence artificielle : l'Unesco lance le Réseau des femmes pour une IA éthique, plateformes d'expertes pour faire progresser l'égalité des genres », Unesco.org, 2 mai 2023.

Dans ce chapitre, Julia Néel Biz, Athénaïs Oslati, Selwa Rafi, Inaya Yoga et Virginie Morgon insistent sur l'importance d'entretenir sa force mentale pour surmonter les obstacles.

Julia Néel Biz

a cofondé teale en 2021, la première plateforme de santé mentale à destination des collaborateurs et des entreprises qui propose une solution unique mêlant tech, data et sciences cognitives et comportementales au service de l'humain et des organisations.

Diplômée en 2012 de l'ESSEC, j'ai d'abord fait du conseil en stratégie. J'ai beaucoup appris, mais c'était très exigeant en termes d'équilibre de vie. Et surtout, cela manquait de concret, parce que j'avais déjà l'envie de créer ma propre entreprise. Je me suis alors tournée vers la tech, qui n'était pas aussi développée qu'aujourd'hui. J'ai rejoint Chauffeur Privé en 2016 pour en diriger la partie internationalisation, ce qui a confirmé mon envie entrepreneuriale. Mais le déclic qui m'a poussée à fonder teale a été la perte brutale d'un proche fin 2018.

Parce que j'avais été exposée de très près à la santé mentale, je me suis posé la question suivante : comment démocratiser la notion de santé mentale grâce à la technologie, la data et la science ?

Comment faire en sorte que ce sujet devienne positif et inspirant, et surtout accessible et préventif, pour créer un véritable impact sur la vie des gens, des organisations et des entreprises ?

On parle d'une culture du bien-être, de la bienveillance, du déploiement d'une mentalité saine dans les entreprises, qui permet à la fois de s'épanouir et d'être performant. Mais la santé mentale a un coût : on l'estime à 3 000 euros par an et par collaborateur en moyenne et, non pas par collaborateur malade mais bien pour chaque collaborateur ! Le coût d'un burn-out peut avoisiner les 30 000 euros en moyenne.

Pour la santé physique, on connaît les bons réflexes, mais pour la santé mentale on manque d'éducation et d'outils à intégrer dans notre vie de tous les jours pour prendre soin de soi préventivement.

Nos représentations sont encore souvent restrictives lorsque l'on associe par erreur les mots « santé mentale » et « maladie ».

Sur le plan de l'accompagnement individuel, teale est une plateforme digitale et une application mobile qui donne accès à des outils et à des ressources dès que l'on en a besoin. Sur le plan de l'accompagnement collectif, on l'utilise de façon anonyme. Toutes les données agrégées sont générées pour créer des algorithmes qui permettent de prévenir les risques avant qu'ils ne se matérialisent, de détecter les signaux faibles.

Le but, c'est que les personnes aillent mieux. On sait que les gens qui se portent bien sont plus productifs, créatifs et épanouis dans leur travail.

teale veut construire une culture d'entreprise propice à la santé mentale. Nous investissons énormément dans nos équipes tech, data, produits, et aussi dans les équipes *care* (bien-être) qui créent le contenu et recrutent la communauté d'experts avec lesquels nous collaborons. Notre conseil scientifique est constitué de médecins psychiatres et de docteurs en psychologie. Avoir misé, dès le début, sur l'innovation et la tech nous donne clairement une longueur d'avance sur nos concurrents. Nous avons aujourd'hui une base de plus de 15 millions de points de données sur le bien-être mental, ce qui nous permet d'améliorer nos algorithmes au fur et à mesure.

Je suis également membre du conseil d'administration de France Digitale. L'un des rôles de cette association est de se demander comment faire pour que la tech ait un impact positif sur le monde. Notre conviction est que la tech, la science et la data sont des piliers essentiels pour relever le défi de la santé mentale et de la santé tout court.

> Je priorise absolument ma santé mentale, pour moi, mais aussi pour ma famille, mes collaborateurs, mes associés.

S'occuper de sa santé mentale, c'est être plus patient, confiant, créatif, performant, avoir l'esprit plus clair dans la résolution de problèmes. Quand je commence à faire plus d'erreurs ou à être irritée plus facilement, je le prends comme un signal. Prendre soin de ma santé mentale passe aussi par le sport : j'ai couru un marathon, beaucoup de semi-marathons, et je dis toujours que la vie d'entrepreneur, c'est comme de courir un marathon. Aujourd'hui, j'adore la course à pied, je réfléchis très bien quand je cours, cela empêche les ruminations et laisse place à un esprit vif. Souvent, en rentrant d'un jogging, j'appelle mes associés pour leur dire que j'ai eu une super-idée ! J'aime ce parallèle entre marathon et entrepreneuriat ; ce sont des hauts et des bas à gérer en permanence. Le secret de la réussite est de savoir durer et construire progressivement. Créer une entreprise n'est pas un sprint !

Athénaïs Oslati

a fondé à 24 ans
la start-up Ontbo,
qui utilise l'intelligence
artificielle pour mesurer
et analyser les émotions
des utilisateurs et leur
proposer une expérience
hyper-personnalisée
en temps réel.

Je viens de Provence. Après mon bac, j'ai commencé par étudier la médecine à Marseille, avant de me rendre compte que ce n'était pas mon monde. Je voulais créer quelque chose qui ait un impact immédiat. Alors j'ai bifurqué en ingénierie. J'ai fait une prépa électronique informatique avant de me spécialiser en ingénierie mécanique. Dans ce secteur, il n'y avait que 15 % de femmes.

L'idée d'Ontbo est née d'un constat : j'ai compris que les technologies (applications, plateformes de contenu, IA générative, *chatbots**), dont les algorithmes se basent sur des données génériques, manquaient d'une dimension émotionnelle. Elles délivraient un contenu inadapté à la diversité des profils et causaient ainsi une expérience décevante.

Depuis la révolution numérique, l'homme s'adapte aux machines... C'est une aberration. Alors j'ai voulu inverser la tendance en créant une intelligence artificielle qui s'adapte à nos profils émotionnels. Il y a plusieurs façons de détecter les états d'âme : par la caméra, par la voix, ainsi que par des biocapteurs.

En ce moment, je travaille beaucoup dans le domaine du sport, notamment en vue des Jeux olympiques. Pendant les phases d'entraînement, Ontbo détectera l'état émotionnel des sportifs et, en fonction des retours, le coach adaptera sa stratégie en temps réel.

Lors d'une session d'entraînement immersive, l'athlète est plongé dans des situations de jeu. À l'aide d'une série de capteurs, nous détectons et analysons en temps réel ses réactions et ses émotions. Ces données permettent d'établir le profil émotionnel et psychologique du joueur et contribuent à une meilleure compréhension des situations de jeu. À terme, une nette amélioration de sa performance sera constatée en conditions réelles.

Avoir une idée, c'est bien. Mais l'exécuter, c'est plus difficile. Dans le cas des start-up tech comme la mienne, il faut un écosystème qui soit capable de nous orienter.

Ma toute première démarche a été de vérifier si mon idée était viable, d'un point de vue technique et scientifique. J'ai contacté des chercheurs pour mener un projet de recherche. Une fois cette certitude acquise, j'ai sondé le marché, parce que s'il n'y a pas de consommateurs finaux, une bonne idée reste dans son coin.

J'ai contacté des industriels ; ils étaient enthousiastes. Mais à un moment, il faut signer. Et pour signer, il faut avoir une structure juridique. Après, tout s'enchaîne. J'ai continué à sonner aux portes.

Aujourd'hui, Ontbo est appuyée par l'écosystème, que ce soit la Banque publique d'investissement, le ministère de l'Enseignement supérieur, de la Recherche et de l'Innovation, le ministère de l'Économie et des Finances. Et j'ai une équipe, évidemment. Ne pas être seule – et surtout être bien entourée –, c'est essentiel pour moi.

Je considère toujours que mes décisions doivent être éclairées. Je prends conseil auprès de personnes que je sais être meilleures que moi. Bien sûr, après un brainstorming, je tranche, mais je ne prends jamais de décision hâtive, sur un coup de tête.

> Pour moi, savoir gouverner, c'est savoir anticiper. Il faut pour cela être capable de s'adapter aux situations. Et parler plusieurs langages.

J'échange quotidiennement avec des développeurs, des chercheurs, des investisseurs. Quelquefois, je prends la parole dans les médias ou sur les réseaux sociaux. C'est encore de l'adaptation !

Je suis convaincue que 98 % de ce que l'on fait en tant qu'entrepreneur reste dans l'ombre : personne ne le verra jamais. Analyser, élaborer une stratégie, l'exécuter, parfois se tromper, apprendre, recommencer. Ce que l'on voit dans les médias ou sur les réseaux sociaux, ce n'est même pas 2 % de ce que l'on fait.

En ce moment, on entend beaucoup parler de l'échec comme le meilleur moyen d'apprendre. Je ne vois pas les choses de cette manière.

> Échouer, finalement, c'est lisible : on voit où l'on a commis une erreur et ce que l'on doit retravailler. Je pense que réussir est plus complexe.

Le danger de la réussite, c'est de se dire : « OK, on a été performants, on peut passer à la suite. » En réalité, l'objectif de la réussite, c'est de se recentrer rapidement sur ce qui est important, sur le moyen d'améliorer la suite, et surtout ne pas croire que le travail est fini. C'est exactement comme pour les sportifs : il faut rester focus, concentré, humble. On a vu ce qui allait, c'est très bien, mais on doit continuer à travailler. Il ne faut jamais relâcher son mental.

Mon entreprise est implantée dans le nord de la France. Je travaille avec une dizaine de collaborateurs, des chercheurs, docteurs et ingénieurs. J'ai réussi à atteindre la parité, mais c'était un défi. J'attends avec impatience le jour où je recevrai 50 % de curriculum vitae de femmes.

Je suis optimiste. Notre monde est en plein renouveau. Je suis convaincue que la tech a beaucoup à apporter à l'humanité, et vice versa.

Selwa Rafi

est la fondatrice
de KEPLR Intelligence,
une start-up canadienne
qui étudie les données
humaines pour réduire
les risques dans le
domaine aérospatial.

En ce moment, je lis *Gagner* de Tim Grover – l'ancien coach de Michael Jordan et de Kobe Bryant –, qui décrit treize grands principes pour gravir les marches du succès. En réalité, être sportif de haut niveau ou entrepreneur, c'est exactement la même chose. On n'a pas de patron, on travaille pour soi. Si on est bon, on trouve des sponsors et des clients.

En entrepreneuriat comme en sport, on doit atteindre un haut niveau et maintenir le cap. C'est un défi et des sacrifices permanents.

J'ai toujours fait du sport. En ce moment, je pratique le pickleball, un sport de raquette, avec mon mari et ma fille de 9 ans. Ma famille est très importante pour moi : avec mon travail, elle constitue le socle de ma vie. Le reste vient après.

J'ai commencé à travailler sur KEPLR Intelligence en 2019. Ma problématique est de réduire au maximum les risques humains lors des opérations aérospatiales. On dit que, dans 80 % des cas, les accidents d'avion sont d'origine humaine parce que les machines sont aujourd'hui tellement performantes que le risque d'erreur est infime. Évidemment, personne n'a envie de faire des erreurs qui peuvent avoir de lourdes conséquences. Mais la charge cognitive (c'est-à-dire la quantité de ressources cognitives investies par un individu lors de la réalisation d'une tâche) n'est pas toujours prise en considération, notamment durant les formations. Notre travail consiste donc à nous inspirer des scénarios de vol, puis à récolter les données humaines psycho-physiologiques, comme les battements de cœur, le mouvement des yeux, les ondes cérébrales... À partir de là, nous repérons des schémas, puis nous améliorons la formation des pilotes pour réduire ce taux d'erreur.

Je suis une scientifique. J'ai obtenu une licence en physique, une maîtrise en mathématiques pour la modélisation de phénomènes physiques et je prépare un doctorat en maths appliquées aux données. J'ai enseigné dans différentes universités, puis je me suis installée à Montréal il y a une dizaine d'années. Au Canada, j'ai l'impression de pouvoir frapper à la porte de n'importe quel grand dirigeant et qu'il me recevra. J'ai même eu le privilège de rencontrer les astronautes qui s'envoleront bientôt vers la Lune et de m'entretenir avec Christina Hammock Koch, la seule femme de l'équipe. Cette rencontre a donné encore plus de sens à ma mission.

Je suis d'origine marocaine et je ne viens pas d'une famille spécialement portée sur l'entrepreneuriat. Mon père était fonctionnaire, et je dirais même que mes parents en avaient assez de mes études à rallonge : ils étaient surpris que je veuille continuer après mon master… Mais j'étais influencée par mes frères et sœurs qui ont tous eu un parcours modèle : ils sont devenus ingénieurs, médecins… Mon entourage amical a compté aussi.

Je me suis aperçue assez vite qu'avoir un patron, intégrer une entreprise, ce ne serait pas pour moi.

Avec le recul, ma plus grande difficulté, comme pour beaucoup d'entrepreneurs, a été de laisser de côté mon profil technico-technique pour m'adapter à la mentalité du monde des affaires : le *mindset business*. Ne connaissant ni le marketing ni la vente, j'ai dû apprendre sur le tas. Trouver des financements était aussi un sacré défi !

Le fait d'être une femme ne m'a pas porté préjudice.

Bien sûr, j'ai dû subir quelques petites remarques : je me souviens de ce dirigeant qui me disait ne pas pouvoir travailler avec quelqu'un qui perd trente minutes à se maquiller tous les matins. Mais aujourd'hui, ce n'est pas un frein. Je considère que je n'ai rien à prouver et je me comporte normalement. J'ai toujours eu des amis garçons. Je ne suis jamais mal à l'aise et je crois ne mettre personne mal à l'aise.

Si je devais dire quelque chose aux jeunes filles qui hésitent à s'engager dans des études de mathématiques, ce serait d'envisager cette matière comme un jeu.

On s'imagine que c'est compliqué, qu'il va falloir souffrir ou qu'il faut être très intelligente pour réussir en mathématiques. C'est faux. Pour moi, c'est comme une partie d'échecs ou de dames. Il faut juste se donner le temps de tenter un coup à la fois, d'avancer étape par étape. La réussite, c'est aussi de la patience.

LAURÉATE
DU PRIX **LES
MARGARET
JUNIOR**

LA RELÈVE

Inaya Yoga

16 ANS
EUROPE 2023

Inaya Yoga, 16 ans, a été récompensée pour Youngsess, une application qui fournit des ressources scolaires et met en relation des mentors et des jeunes issus des quartiers populaires.

D'où vient votre intérêt pour la tech ?
C'est lors d'un stage d'été proposé par Becomtech que j'ai découvert la tech. Cette association a pour but de prouver aux filles qu'elles sont capables de travailler dans le domaine de la technologie.

Qu'est-ce que la tech peut apporter au monde ?
Un nouveau regard et une nouvelle dynamique ! La tech pourrait même changer le cours des choses, qui sait ? Dans un monde idéal, elle serait aussi un support pour mieux nous soigner.

UN MENTAL D'ACIER

“ Virginie Morgon

Grande dirigeante d'entreprise, elle a été associée gérante de la banque Lazard Frères et présidente du directoire d'Eurazeo de 2018 à 2023. L'égalité hommes-femmes est un sujet qui lui tient à cœur et pour lequel elle s'engage avec détermination. En 2005, elle a fondé le Women's Forum for the Economy & Society et a été marraine de la JFD et de la promotion « Invest in Her » en 2023.

Pensez-vous être dotée d'un mental de sportive ?

V. M. — J'ai une anecdote amusante à ce sujet : il y a quelques années, j'ai fait un test ADN aux États-Unis – je pensais que ce type de test ne fournissait que des données démographiques ou ethniques – et il a indiqué que j'avais des gènes de sportive. Pourtant, je ne le suis pas spécialement… On ne peut pas tout faire ! Je me suis demandé si cette donnée n'éclairait pas ma tendance à systématiquement repousser mes limites professionnelles.

Quelles limites repoussez-vous justement ?

V. M. — Dans les périodes intenses, où je suis portée par l'adrénaline et par les enjeux, je dors peu (quatre ou cinq heures par nuit), je mange peu (je n'ai pas faim), je me ré-énergise avec pas grand-chose. J'ai les capacités physiques nécessaires pour puiser dans mes ressources sans aller jusqu'à l'épuisement. Mais activer son mental, c'est d'abord avoir des convictions profondes, qui nourrissent une attitude et une aptitude à tenir le cap en restant sur ses deux pieds, sans se laisser déstabiliser par des vents contraires. Ensuite, c'est être capable de fournir une grande concentration à l'instant *t*, et la capacité de travail qui va avec. Le mode opératoire s'organise, et le corps et l'intellect savent quand on est bon et efficace. C'est autonourrissant.

Et quand on est à la tête d'une équipe ?

V. M. — Dans ma carrière, j'ai eu la chance de travailler avec des personnes de très haut niveau. Quand on manage des équipes de talent, on se rend compte que chacun va chercher ses propres leviers de dépassement de soi. Le leader, qu'il soit capitaine d'équipe sportive, entrepreneur ou PDG, doit comprendre le mental de chaque membre de son équipe, pour transcender les capacités individuelles et obtenir le meilleur de chacun.

08

Adrénaline

« Quand je pense à mon métier, une image me vient en tête : je suis en haut d'une falaise, prête à me jeter dans le vide, sans parachute, que je suis supposée fabriquer une fois lancée. Oui, c'est ça, un entrepreneur ou une entrepreneure : quelqu'un qui s'élance dans les airs et fabrique son parachute en tombant ! »

J'ai d'abord cru à une plaisanterie. Je m'apprêtais à commencer mon cours de yoga quand j'ai reçu un appel. Numéro inconnu. On m'a annoncé que j'étais en ligne avec le cabinet d'Audrey Azoulay, alors ministre de la Culture (nous étions en 2016). Première surprise. Puis le meilleur est arrivé : « Acceptez-vous la Légion d'honneur ? » Je n'en croyais pas mes oreilles. J'ai demandé : « Lequel de mes amis est en train de me jouer un tour ? » À l'autre bout du fil, le cabinet ministériel s'est montré impassible : « Je vous laisse revenir vers moi pour me dire si vous l'acceptez. » J'ai raccroché en promettant de donner rapidement ma réponse. J'étais comme shootée à l'adrénaline. Je repensais à cette citation de Jean d'Ormesson : « La Légion d'honneur ne se demande pas, ne se refuse pas et ne se commente pas. » J'ai aussitôt rappelé le ministère pour accepter. Évidemment. Je suis une fille et une petite-fille de militaire, ancienne élève de la Légion d'honneur. Recevoir la plus haute reconnaissance de l'État, oui, cela me touche. Mon père aurait été tellement fier. Il n'a jamais reçu cette décoration, mais il l'aurait tellement méritée.

Delphine Ernotte a accepté de me remettre cette médaille. Elle est ma « marraine des affaires ». Il y a quinze ans, quand je suis rentrée de Londres, elle a été l'une des premières clientes de mon agence, pour le compte d'Orange, puis elle s'est associée à la JFD. Quand elle est devenue présidente de France Télévisions, elle est restée une alliée indéfectible. La loyauté dans les affaires est une des qualités que j'estime le plus. La cérémonie de remise de la Légion d'honneur au grade de chevalière s'est déroulée le 27 septembre 2016. Le discours de Delphine Ernotte était à son image, brillant. « Ce n'est jamais facile de franchir les unes après les autres les barrières que nous imposent les grandes entreprises, a-t-elle déclaré, mais il existe un courage supplémentaire, une force d'âme encore plus grande, en étant capable de créer sa propre entreprise, d'inventer son propre métier. Les femmes sont trop peu nombreuses à être cheffes d'entreprise. Elles sont encore moins nombreuses à oser se lancer elles-mêmes. Nous sommes nombreuses à souvent nous poser la question. J'ai connu des amies, croisé des collègues que l'envie taraudait. Mais trop souvent l'activité d'entrepreneur se conjugue au masculin. Delphine Remy-Boutang a su la mettre au féminin. »

Moi aussi, je doute parfois plus que de raison. Suis-je légitime pour recevoir cette distinction ? Mais je réalise souvent que c'est un penchant très féminin de ne pas se sentir légitime face à une promotion, face à une reconnaissance.

La Légion d'honneur restera, je pense, l'un des sommets d'adrénaline de ma carrière. Je salue toutes les femmes admirables qui me donnent la force de continuer. « Comme l'a dit Niki de Saint Phalle, ai-je rappelé dans mon discours, nous sommes toutes des créatrices, nous créons la vie ! Et la créativité, c'est la seule et unique force qui gouvernera le monde des entreprises de demain, et je pense d'ailleurs que cela a déjà commencé. » Toutes les femmes présentes dans ce livre en sont la preuve.

Quand je pense à mon métier, une image me vient en tête : je suis en haut d'une falaise, prête à me jeter dans le vide, sans parachute, que je suis supposée fabriquer une fois lancée. Oui, c'est ça, un entrepreneur ou une entrepreneure : quelqu'un qui s'élance dans les airs et fabrique son parachute en tombant ! Le risque fait partie intégrante de nos vies. La peur de l'atterrissage catastrophe peut provoquer des haut-le-cœur jusqu'à en perdre ses moyens. Mais il y a aussi des atterrissages en douceur, parfois même pavés de lauriers – comme le jour où j'ai été décorée. Il faut savourer ces moments !

Dans ce chapitre, Ghizlaine Amrani, Pauline d'Orgeval, Lalée Pinoncély et Béatrice Dautzenberg nous livrent leurs aventures d'entrepreneures marquées par un point commun : l'adrénaline !

Ghizlaine Amrani

est la cofondatrice et
la directrice des opérations
de QuantCube Technology,
une fintech spécialisée
en intelligence économique.
Sa start-up analyse, grâce
à l'intelligence artificielle
et au big data*, des données
en temps réel pour fournir
des informations en avance
sur l'économie et les
marchés financiers.

L'entrepreneuriat bouleverse une trajectoire. Je le sais d'autant plus que cela n'a pas été mon premier choix. Depuis ma naissance à Casablanca, il y a trente-sept ans, jusqu'à ma situation de cofondatrice et dirigeante de start-up, j'ai la sensation d'avoir vécu plusieurs vies. Et pourtant, dès le début, j'avais sous les yeux un modèle inspirant d'entrepreneure : ma mère évoluait dans un milieu extrêmement masculin, où la culture était encore très conservatrice. Elle n'a jamais renoncé à développer son entreprise dans l'immobilier pour élever ses cinq enfants.

J'ai grandi en me promettant de ne pas faire de business ; j'étais aux premières loges pour observer les hauts et les bas de la vie d'entrepreneur et j'aspirais à quelque chose d'un peu plus stable.

Quand je suis arrivée en France après le bac, j'ai préféré faire des études pour devenir psychomotricienne – c'est une forme particulière de psychothérapie qui atteint la psyché au travers du corps et qui fonctionne particulièrement bien chez les jeunes enfants.

Après trois ans de pratique – une expérience intense, troublante et très enrichissante –, j'ai décidé de repartir sur les bancs de l'école. Je me suis inscrite à l'ISG, une école de commerce, et j'ai étoffé mon cursus avec un master en finance à Saint John's, dans le Michigan, aux États-Unis. Je me suis rendu compte que j'étais très à l'aise dans les différents aspects du business : *corporate finance**, marketing, ressources humaines… Je voyais naturellement les relations entre toutes ces disciplines.

Par hasard, j'ai atterri dans le monde du luxe, où j'ai découvert l'approche *data driven* (l'interprétation des données), une composante analytique que je ne soupçonnais pas et pour laquelle je me suis vite passionnée.

Je me souviens d'une discussion, un soir, avec Long, mon mari. En tant que trader, il était expert en investissement et en data. Nous avons commencé à réfléchir ensemble à un moyen de récupérer via X (ex-Twitter) des données pouvant prévoir les comportements des marchés et nous avons décidé de faire un test. C'était au moment de la sortie du dernier portable BlackBerry : en analysant tous les commentaires, qui étaient majoritairement négatifs sur ce modèle, nous avons pu prédire la chute de l'action. C'est de cette démarche, de cette émulation entre Long et moi, que QuantCube est née.

La société existe aujourd'hui depuis dix ans. Je n'ai plus vraiment l'impression d'être la même personne qu'au début.

Dix ans d'ascenseur émotionnel, d'excitations incroyables et autant de rudes traversées du désert – ce que j'appelle mes *dark moments* –, pendant lesquelles je me suis parfois sentie la seule à prendre des décisions et à devoir les assumer. Pourtant, je n'ai jamais été isolée. Mon mari est avec moi depuis le début, chacun dans son périmètre – le mien est lié au développement du business. Mais devant des décisions qui engagent une entreprise, des salariés... il y a forcément des moments de solitude.

Diriger une entreprise, ce n'est pas seulement être sa propre patronne, prendre les décisions et choisir ses propres horaires ; c'est aussi une affaire de responsabilité envers ses salariés, ses actionnaires et ses clients.

Cela implique des sacrifices. Je ne dirais pas que je les ai vécus durement, puisque c'était mon choix, mais j'en ai pris conscience très vite. Quand, par exemple, j'ai décidé de ralentir la cadence pour profiter de ma fille le soir, j'ai su que cela impliquerait de me reconnecter très tard le soir ou très tôt le matin.

Mon domaine, la fintech – contraction de « finance » et « tech » – est sans doute le secteur où les femmes sont le moins représentées.

Quand j'ai commencé mon parcours d'entrepreneure, j'étais souvent bien seule à la table. Je me rappelle, lors de ma première levée de fonds, que l'un des investisseurs m'avait demandé si je saurais « gérer »... Pendant un temps, je me suis convaincue qu'il fallait que j'infiltre le milieu masculin pour m'intégrer plus vite. Heureusement, j'ai vite changé de méthode en rejoignant des associations d'entrepreneures.

Être soutenue par des femmes m'a apporté le recul que je n'avais pas. Les femmes – et j'assume mon propos – n'ont pas les mêmes vies que les hommes, pas la même sensibilité, pas les mêmes attentes.

Partager ses points de vue, se soutenir, prodiguer des conseils entre femmes, cela donne des ailes. C'est grâce à ces pygmalions que j'ai pris conscience que développer un business était un talent, et que je l'avais. Je ne les remercierai jamais assez.

Depuis dix ans, je vois plus de femmes dans la tech. Et surtout j'observe que beaucoup de jeunes filles veulent intégrer ce monde. Dans ma société, nous avons recruté 47 % de femmes : elles sont développeuses, *data scientists**... C'était inenvisageable il y a quelques années. Elles sont excellentes et je les encourage à s'imposer, à prendre des décisions. Ce sont elles, les décideuses de demain.

Pauline d'Orgeval

est présidente et cofondatrice du service Deuxiemeavis.fr, qui offre aux patients la possibilité d'obtenir l'avis de médecins spécialistes en moins de sept jours.

Lorsque je monte une start-up, c'est toujours parce que j'ai le sentiment qu'un besoin ne trouve pas de réponse adaptée.

C'est ainsi qu'en 1999, au tout début d'Internet, après avoir arpenté les grands magasins avec mon futur mari pour trouver des petites cuillères, j'ai eu l'idée de monter un site de listes de mariage. Six ans plus tard, Milleetunelistes.fr employait 80 personnes et faisait 22 millions d'euros de chiffre d'affaires… Puis nous avons été rachetés par TF1 en 2006. Un sacré pic d'adrénaline! Je me suis même retrouvée au Comex de TF1 pendant quatre mois – c'était un peu surréaliste –, mais j'ai fini par quitter le navire en 2009, lorsque j'ai eu le sentiment de manquer d'adrénaline et de faire trop de réunions.

Dans la foulée, je me suis intéressée à la santé, car c'était le seul secteur qui n'avait pas bougé avec la « révolution » Internet. Par ailleurs, à la naissance de mon deuxième enfant, atteint d'une déficience intellectuelle et de troubles autistiques, j'ai été confrontée aux dysfonctionnements du système de santé.

J'avais envie de me battre pour faciliter l'accès aux soins des personnes en situation de handicap.

En 2010, avec Catherine Franc et Prune Nercy, mes associées, j'ai créé Coactis Santé, qui emploie aujourd'hui dix personnes. Cette association porte deux projets : Santé BD, un outil de communication pour expliquer la santé à partir de phrases simples et d'illustrations – le facile à lire et à comprendre (FALC) ; et HandiConnect, une plateforme de sensibilisation des médecins à l'accueil des patients en situation de handicap. J'ai découvert que la France avait un retard monumental dans ce domaine. C'est un mal subtil, puisque les médecins ne refusent pas de soigner les personnes en situation de handicap, mais comme rien n'est prévu pour les accueillir, elles finissent tout simplement par renoncer aux soins. Cette situation peut entraîner pour elles jusqu'à vingt ans d'espérance de vie en moins. Je suis fière d'avoir participé à faire bouger le système.

En parallèle, confrontée aux risques d'une opération de la scoliose pour mon fils, je me suis rendu compte qu'on parlait trop peu de l'inégalité d'accès à l'expertise médicale en cas de grave problème de santé.

Face à une décision médicale à prendre, il est légitime de vouloir obtenir un deuxième avis ou tout simplement de vouloir accéder à un médecin spécialiste, mais c'est un parcours du combattant quand on est éloigné d'un CHU, quand on n'a pas de réseau médical ou que chaque déplacement nécessite des aménagements lourds.

C'est à la suite de ce constat que j'ai décidé de lancer en 2016 Deuxiemeavis.fr, qui permet à des patients qui souffrent de sérieux problèmes de santé d'obtenir rapidement l'avis d'un médecin référent dans son domaine. Quand je dis « sérieux », je tiens à préciser que cela ne concerne pas uniquement des pathologies qui engagent le pronostic vital, mais aussi des pathologies invalidantes avec un impact sur la qualité de vie. D'ailleurs, la principale demande sur notre site concerne l'endométriose, encore très mal diagnostiquée. Nous avons œuvré pour que notre service soit pris en charge par les contrats « santé et prévoyance » des complémentaires santé.

Aujourd'hui, plus de 30 millions de patients ont gratuitement accès au service Deuxiemeavis.fr.

Nous couvrons 750 pathologies, et bientôt davantage car il existe plus de 7000 maladies rares. Deuxiemeavis.fr, c'est aussi un média (500 000 visiteurs uniques par mois) qui accompagne et informe les patients confrontés à des décisions médicales importantes. Chaque mois, nous produisons, avec l'un de nos 350 médecins experts, des webinaires* relatifs à une pathologie.

Le développement de Deuxieme-avis.fr s'accélère : plus de 12000 avis ont été rendus depuis 2022. Les progrès techniques ont permis de créer des services qui étaient impossibles il y a dix ans, comme de transférer un dossier médical très lourd. C'est vraiment l'une de nos spécificités. Évidemment, Deuxiemeavis.fr est aussi une plateforme sécurisée : toutes les données sont cryptées.

L'adrénaline est inhérente à la fonction d'entrepreneur. J'en ai connu, des montagnes russes : une trésorerie « limite » alors qu'on lève des fonds, un premier gros contrat, une communication de crise, des témoignages magnifiques de patients…

Pour supporter toute cette pression et la complexité des enjeux, le sport est fondamental. Je ne me déplace qu'à vélo, je fais au moins trois heures de Pilates et de cardio chaque semaine. L'alimentation et le sport, c'est la base des conditions physiques et mentales nécessaires pour réussir en tant qu'entrepreneur de la tech !

Lalée Pinoncély

a d'abord créé Adopte.co en 2011, un média spécialisé dans la simplification des transformations des PME. Elle s'est ensuite lancée dans une nouvelle aventure entrepreneuriale avec l'application Skiif, qui permet de s'orienter sur les pistes de ski.

J'ai fait des études de génétique, un domaine que j'aime beaucoup : aller dans l'infiniment petit pour comprendre ce qui se passe dans l'infiniment grand. Finalement, dans le digital, c'est un peu ce que je fais. Je vais dans les détails pour créer quelque chose de plus global.

J'ai toujours cru au potentiel des réseaux sociaux et je me suis très vite demandé comment les marques et les dirigeants d'entreprise allaient pouvoir les utiliser.

J'ai commencé à apprendre aux chefs d'entreprise à se servir des réseaux sociaux pour leur communication, qu'elle soit personnelle ou professionnelle. Il y avait un vrai besoin de simplification. C'est pourquoi j'ai publié « Premier pas vers le digital » en 2015, un livre blanc qui a rencontré un franc succès auprès des dirigeants de PME. Mais il fallait aller plus loin que la simple communication digitale et aider les PME à se lancer dans leur transformation numérique.
En 2019, j'ai créé Adopte le Digital et organisé des tournées de bus pour aller à la rencontre des dirigeants de PME. Puis la troisième tournée de bus a été freinée par la crise de la Covid-19 et j'ai lancé le média collaboratif Adopte.co, pour aller plus loin dans la transformation, la gouvernance, la responsabilité sociale des entreprises, etc.

Un jour, alors que je skiais avec ma fille à Méribel, nous avons voulu expliquer à une amie comment nous rejoindre dans un restaurant. Impossible de lui décrire l'itinéraire : nous ne connaissions pas le nom des pistes. Après maintes péripéties, nous avons fini par nous retrouver et ma fille m'a dit : « C'est fou qu'il n'y ait pas de GPS pour le ski, ce serait plus simple. Nous venons de faire une demi-heure de queue, on pourrait avoir un signal comme sur Waze : "Il y a du monde sur cette remontée !" » L'idée a germé et l'application Skiif est née.

Lorsque j'ai lancé Skiif, j'y travaillais avec mes développeurs depuis déjà deux ans. Les données cartographiques sont accessibles gratuitement, mais tout un travail a été nécessaire pour les concaténer, les trier, les nettoyer. Ensuite, nous avons ajouté la touche intuitive et le design.
Je voulais une jolie carte, simple et facile à utiliser. Pour moi, si nous y arrivions, ce serait le début de la réussite. Nous l'avons testé durant l'hiver 2022 en bêta, c'est-à-dire en conditions réelles, avec succès. Nous nous sommes dit : « On y va ! » Nous avions besoin d'au moins 500 000 euros pour démarrer, et j'ai réussi à lever près d'un million d'euros auprès d'une dizaine d'investisseurs.

Nous avons rapidement été dépassés par le succès. En deux semaines, nous avons gagné plus de 30 000 utilisateurs et nous progressons à un rythme de plus de 3 000 téléchargements par jour !

Cela nous oblige à accélérer notre stratégie. Nous allons devoir organiser une nouvelle levée de fonds pour devenir une communauté encore plus grande. C'est la première fois que je me retrouve plongée dans l'énergie d'une start-up, où il faut s'implanter vite avant de proposer aux stations une version professionnelle, qui nous permettrait d'avoir un modèle économique solide étant donné que l'application actuelle est gratuite. L'adrénaline, dans ces moments, est omniprésente !

L'entrepreneuriat, c'est comme le ski : un mélange d'endurance et de performance, sans oublier un mental d'acier.

Il faut avoir la force de se dire « Non, je ne lâcherai pas et j'y arriverai » quand certains cherchent à te décourager : « Tu te lances dans Skiif alors qu'il n'y aura plus de neige dans cinq ans ?! » Justement, ma vision est plus globale. L'après, c'est se demander comment transformer les stations de ski en stations de montagne. Comment inciter les skieurs à profiter de la montagne différemment en dehors des périodes de neige. Ma certitude, c'est qu'ils aiment la montagne et qu'il faut les amener à une réflexion différente. Comment fera-t-on dans dix ans quand il n'y aura plus de neige ? Le marché du ski rapporte plus d'un milliard d'euros de chiffre d'affaires à la France chaque année. C'est énorme, il va donc bien falloir que cette économie se transforme !

L'ADRÉNALINE POUR CARBURANT

« Béatrice Dautzenberg

Chez L'Oréal depuis vingt et un ans, Béatrice Dautzenberg est directrice internationale des services Beauty Tech, une division du groupe qui développe des diagnostics, des recommandations et des services de coaching beauté personnalisés.

Le sport fait-il partie de votre vie ?

B. D. — J'ai eu la chance de faire de la natation, tous les soirs après l'école, de la sixième à la terminale, avec des compétitions le week-end et des stages de vacances. Le sport me passionne dans sa pratique, mais aussi dans ses analogies avec le travail.

De quelle manière sont-ils liés ?

B. D. — Ma conviction est qu'en devenant leader on doit créer les conditions de l'ultra-performance pour son équipe et ses partenaires. Je me vois comme une athlète de l'intrapreneuriat. L'adrénaline joue un rôle clé dans tout ce que l'on entreprend. C'est le carburant des champions pour relever les défis extrêmes et repousser les limites. Aller plus vite, plus haut, plus fort. Quand je montais sur le plot de natation lors des courses, je me souviens que je regardais mon couloir de nage et cette décharge soudaine d'énergie décuplait ma capacité de concentration. Plus rien d'autre ne comptait. L'adrénaline permet de libérer notre potentiel mental et physique à des moments clés, d'agir plus vite, dans le sport ou dans la tech où les changements sont très rapides.

L'adrénaline est donc l'un des secrets de la réussite ?

B. D. — Elle est capitale, sur le plan individuel et collectif. Lors de projets importants en équipe, l'adrénaline nous permet d'être plus alignés vers un objectif commun. Nous travaillons mieux ensemble, plus soudés, avec une énergie décuplée qui nous permet parfois de réaliser en une semaine ce qui aurait pu nous prendre trois mois. L'adrénaline nous procure aussi des sensations fortes. Comme le disait François Dalle, ancien PDG de L'Oréal, « Quand j'ai besoin d'adrénaline, je n'ai pas besoin d'aller au casino, je vais tous les jours chez L'Oréal ». Ce que j'aime dans mon métier, ce sont ces décharges d'adrénaline, cette passion partagée par les gens qui m'entourent, et les innovations positives que nous créons ensemble. Que ce soit dans le sport ou dans la tech, l'équilibre est la clé. Il est essentiel de se revigorer et d'alterner les rythmes afin de maintenir une performance optimale sur le long terme.

Je tiens à dédier ce livre à toutes celles et ceux qui croient en la puissance de l'innovation et de la technologie pour transformer nos sociétés. Puissent ces récits impulser de nouvelles idées, encourager de nouveaux exploits et contribuer à repousser les limites. Puissent-ils aussi inspirer les jeunes générations à tracer leur propre chemin vers l'excellence et à embrasser les possibilités infinies offertes par la technologie. Puissent-ils rappeler au monde l'importance cruciale de façonner un avenir où l'égalité et la diversité sont les moteurs de la créativité.

Remerciements

Tout d'abord, je tiens à remercier toutes les femmes qui témoignent dans cet ouvrage. Chacune de leurs histoires est une leçon de courage, de persévérance, une célébration de la réussite qui met en lumière toutes celles qui repoussent les limites et font de leur leadership une avancée tant économique que sociétale. Leurs performances exceptionnelles, leur détermination sans faille, leur force et leur créativité sans limite m'ont poussée à explorer les liens entre l'innovation et l'excellence sportive.

Un immense merci également à tous les experts, chercheurs, innovateurs qui ont généreusement partagé leurs connaissances tout au long de ce projet. Leurs éclairages ont enrichi la compréhension des multiples facettes de l'innovation et les innombrables façons d'améliorer le monde grâce à elle.

Enfin, je remercie tous nos partenaires et les membres engagés de la JFD : Allianz France, Banque des Territoires, Caisse des Dépôts, Bpifrance Le Hub, Becomtech, 10000 Codeurs, la CCI française au Canada, Dentons, EuraTechnologies, Eurazeo, groupe La Poste, Groupe Casino ISG, IBM, La French Tech, L'Oréal, Lombard Odier, Mastercard, Meetic Europe, Printemps, Partech, 3 Suisses, Sitecore, Universal Music France, Veolia Eau France, Zone Franche, J.P. Morgan... Leurs compétences et leur engagement ont été essentiels à la concrétisation de ce livre. Leur confiance a été le cœur battant de cette aventure littéraire.

Les activités de la JFD :

Société d'investissement Arver :

Lexique

Apple Pay → Service de paiement mobile proposé par Apple.

Big data → Données informatiques volumineuses.

Bitcoin → Monnaie numérique.

Blockchain → Mécanisme de base de données avancé permettant un partage transparent des informations au sein d'un réseau d'entreprises. La blockchain stocke les données dans des blocs reliés entre eux dans une chaîne.

Chatbot → Agent conversationnel.

Chat GPT → Prototype d'agent conversationnel, développé par OpenAI, utilisant l'intelligence artificielle.

Corporate finance → Ensemble des activités financières au sein d'une entreprise qui visent à maximiser la valeur pour les actionnaires tout en gérant efficacement les ressources financières disponibles.

Cryptomonnaie → Moyen de paiement virtuel utilisable essentiellement sur Internet.

Data scientist → Spécialiste de la science des données.

Empowerment → Processus par lequel l'individu s'émancipe, s'autonomise.

Foodtech → Secteur qui regroupe l'ensemble des entrepreneurs et des start-up du domaine alimentaire, (de la production au consommateur final), qui innovent sur les produits, la distribution, le marché ou le modèle économique.

Gaming → Le terme désigne la pratique et l'univers du jeu vidéo (matériel, logiciels, métiers, etc.). On parle d'industrie du gaming.

IA générative → Catégorie d'intelligence artificielle capable de créer du texte, des images, de la vidéo, de l'audio ou du code.

Licorne → Start-up non cotée en Bourse dont la valorisation, basée sur un potentiel de croissance très important, dépasse le milliard de dollars.

Métavers → Ensemble des mondes virtuels connectés à Internet et perçus en réalité augmentée.

NFT (en français « jeton non fongible ») → Fichier numérique non reproductible et infalsifiable représentant un actif unique, objet virtuel ou physique, associé à un certificat digital d'authenticité et de propriété garanti par la blockchain.

Start-up week-end → Événement permettant à des porteurs de projet, le temps d'un week-end, de développer une idée avec une équipe et des accompagnants.

Team building → Activité visant à renforcer la cohésion d'un groupe professionnel.

Webinaire → Réunion interactive de type séminaire faite via Internet, généralement dans un but de travail collaboratif.

N° d'édition : 627793
Dépôt légal : mai 2024
Achevé d'imprimer en mars 2024 en Slovénie par Florjancic.